国家图书馆音频数据加工标准和操作指南

朱强 张春红 龙伟 主编

国家图书馆出版社

图书在版编目(CIP)数据

国家图书馆音频数据加工标准和操作指南/朱强,张春红,龙伟主编.—北京:国家图书馆出版社,2011.12

(国家数字图书馆工程标准规范成果)

ISBN 978-7-5013-4695-0

Ⅰ.①国… Ⅱ.①朱… ②张… ③龙… Ⅲ.①图书馆工作—数字音频技术—标准—中国 ②图书馆工作—数字音频技术—中国—指南 Ⅳ.①G250.7

中国版本图书馆CIP数据核字(2011)第228047号

责任编辑:高爽

书名 国家图书馆音频数据加工标准和操作指南

著者 朱强 张春红 龙伟 主编

出版 国家图书馆出版社(原北京图书馆出版社)
(100034 北京市西城区文津街7号)

发行 010-66139745 66151313 66175620 66126153
66174391(传真) 66126156(门市部)

E-mail cbs@nlc.gov.cn(投稿) btsfxb@nlc.gov.cn(邮购)

Website www.nlcpress.com→投稿中心

经销 新华书店

印刷 北京科信印刷有限公司

开本 880×1230(毫米) 1/32

印张 3.25

版次 2011年12月第1版 2011年12月第1次印刷

字数 35千字

书号 ISBN 978-7-5013-4695-0

定价 35.00元

丛书编委会

本书编委会

主　编：朱　强　张春红　龙　伟

编　写：朱本军　宋庆生　肖　珑　邵　珂　唐　勇

韩　超　赵四友　王　浩　李鹏云　李成文

总　序

数字图书馆涵盖多个分布式、超大规模、可互操作的异构多媒体资源库群，面向社会公众提供全方位的知识服务。它既是知识网络，又是知识中心，同时也是一套完整的知识定位系统，并将成为未来社会公共信息的中心和枢纽。数字图书馆建设的最终目标是实现对人类知识的普遍存取，使任何群体、任何个人都能与人类知识宝库近在咫尺，随时随地从中受益，从而最终消除人们在信息获取方面的不平等。“国家图书馆二期工程暨国家数字图书馆工程”是国家“十五”重点文化建设项目，由国家图书馆主持建设，其中国家数字图书馆工程的建设内容主要包括硬件基础平台、数字图书馆应用系统和数字图书馆标准规范体系。

标准规范作为数字图书馆建设的基础，是开发利用与共建共享资源的基本保障，是保证数字图书馆的资源和服务在整个数字信息环境中可利用、可互操作和可持续发展的基础。因此，在数字图书馆建设中，应坚持标准规范建设先行的原则。国家数字图书馆标准规范体系建设围绕数字资源生命周期为主线进行构建，涉及数字图书馆建设过程中所需要的主要标准，涵盖数字内容创建、数字对象描述、数字资源组织管理、数字资源服务、数字资源长期保存五个环节，共计三十余项标准。

在国家数字图书馆标准规范建设中，国家图书馆本着合作、开放、共建的原则，引入有相关标准研制及实施经验的文献信息机构、科研机构以及企业单位承担标准规范的研制工作，这就使得国家数字图书馆标准规范的研制能够充分依托国家图书馆及各研制单位数字图书馆建设的实践与研究，使国家数字图书馆的标准规范成果具有广泛的开放性与适用性。本次出版的系列成果均经过国家图书馆验收、网上公开质询以及业界专家验收等多个验收环节，确保了标准规范成果的科学性及实用性。

目前，国内数字图书馆标准规范尚处于研究与探索性应用阶段，国家图书馆担负的职责与任务决定了我们在数字图书馆标准规范建设方面具有的责任。此次将国家数字图书馆工程标准规范研制成果付梓出版，将为其他图书馆、数字图书馆建设及相关行业数字资源建设与服务提供建设规范依据，对于推广国家数字图书馆建设成果，提高我国数字图书馆建设标准化水平，促进数字资源与服务的共建共享具有重要意义。

国家图书馆馆长　周和平

2010 年 8 月

目　　录

前　言

音频数据加工标准是数字图书馆标准规范体系的重要内容之一。由于音频资源数字化与数字图书馆的资源发布、长期保存和广泛共享密切相关,且具有资金密集和风险性大的特点,因此为了充分获得最佳效益,制定统一、有效、适用的标准具有重要的意义。

在过去的几年中,世界各国各地的图书馆及机构,如美国国会图书馆(Library of Congress)、英国 AHRC(Arts and Humanities Research Council)、欧洲 TAPE(Training for Audiovisual Preservation in Europe)项目、美国马里兰大学图书馆和哈佛学院图书馆等开展了一系列数字化项目,积累了大量的数字资源和标准规范成果;在国内,国家科技部的"我国数字图书馆标准规范建设(CDLS)"项目和国家"211 工程"的"大学数字图书馆国际合作计划(CADAL)"项目也都在这方面取得了阶段性进展。已有的音频数据加工标准及其实践成果包括数字音频编码规则、元数据规范和著录规则、格式体系、应用级别、加工设备、后期处理、品质检验、命名规则、数据保存和管理等方面,但未能形成面向全流程应用的、完善的标准规范体系和可操作性强的操作指南,导致音频数据资源在保存和利用方面存在很多的问题。

北京大学图书馆先后承建或参加了科技部“中国数字图书馆标准与规范”建设项目的相关子项目——数字资源加工标准、基本元数据规范、数字资源描述标准规范的完善与扩展建设等；参加了 CADLIS“中国高等教育数字图书馆技术标准与规范”的编写。设立于北京大学图书馆的北京大学数字加工中心，是数据加工、数字资源存储和发布为一体的公共服务机构，积累了大量的数字资源成果和数字加工实践经验。国家图书馆和北京大学图书馆作为牵头单位，研制的科技部《数字资源加工标准》《基本元数据规范》等多项成果被广泛应用于北京大学数字加工实践、CALIS 特色库项目和其他数字化项目等方面，受到数字加工业务各委托单位和 CALIS 各成员院校的普遍认可。

2008 年，国家数字图书馆工程标准规范项目“音频数据加工标准与工作规范”研制工作采取竞争性谈判方式向社会各界发出参与研制的邀请。北京大学图书馆在音频数据加工标准规范研制和数字加工实践方面具有深厚的基础，从而得到评选专家首肯而中标，成为该标准的研制单位。

国家图书馆“音频数据加工标准与工作规范”项目，是国家数字图书馆工程标准规范项目之一。该项目的主要研究任务是根据国家图书馆音频文献和数字资源内容的情况，参考数字加工领域的最新技术成果，制定音频数据加工标准和操作指南。项目研制成果应该满足国家图书馆数字馆藏建设要求，符合数字对象资源的长期保存和使用目的。

项目由北京大学朱强馆长和肖珑副馆长负责统筹和审核，研制任务的具体承担人如下。

调研报告：国外数字加工相关的标准规范及应用项目，朱本军；中国内地和台湾地区数字加工和标准规范建设项目，宋庆生。

标准规范：宋庆生。

操作指南：宋庆生。

加工标准测试和报告：邵珂、宋庆生、朱本军。

项目研究成果主要参考前述国家科技部相关项目的音频数字对象成果，对国内外主要的数字图书馆资源建设项目和国际通用的数字资源编码、文件格式标准进行较全面的调研。项目研究注重数字对象加工的全流程控制和管理，根据文献载体特点和属性制定加工标准和操作指南，较好地满足了国家图书馆音频数字资源长期保存和应用的建设需求，具有科学性、适用性和可操作性。

本书是以国家图书馆“音频数据加工标准与工作规范”项目的研究成果为基础编写而成，主旨是为国家图书馆音频数字对象加工提供原则性的指导，除指导国家图书馆数字加工业务实践，还体现了国际国内数字加工领域技术和标准的最新发展，国内各相关单位在数字加工实践中、各相关领域和行业在进行数字对象加工与管理时，可以参考使用。

编者

2010 年 12 月 31 日

第一部分　国家图书馆音频数据加工标准

1　范围

本标准规定了音频数字化加工工作流程、内容标记元数据标准、音频数字对象的命名规则。

本标准适用于盒式录音磁带、开盘式录音磁带、数字录音带(DAT)、密纹唱片(LP)、激光唱片(CD)、MP3 等模拟音频原生资源、数字音频原生资源、数字音频文件格式资源,以及各种揭示音频资源的文本、图片等资源的采集、编码转换、保存与编辑发布。

本标准给出了适用于数字音频文件长期保存级和发布服务级的推荐标准。

2　规范性引用文件

下列文件中的条款通过本标准的引用而成为本标准的条款。凡是注日期的引用文件,其随后所有的修改单(不包括勘误的内容)或修订版均不适用于本标准,然而,鼓励根据本标准达成协议的各方研究是否可使用这些文件的最新版本。凡是不注日期的引用文件,其最新版本适用于本标准。

GB/T 17975.3—2002　信息技术　运动图像及其伴音信号的通用编码　第3部分:音频

ISO/IEC 13818—7 Advanced Audio Coding (AAC) 信息技术　运动图像及其伴音信息的通用编码　第7部分:高保真音频编码(AAC)

ISO/IEC 13818—3 Audio:音频,描述与 MPEG－1 音频标准反向兼容的音频编码方法

ISO/IEC 15938(MPEG7)多媒体内容描述接口标准

ISO/IEC 15938—2:2002(E) 信息技术　多媒体内容描述界面　第2部分:描述定义语言

ISO/IEC 21000,(MPEG－21)多媒体框架(Multimedia Framework)

ISO/IEC 11172—3 信息技术　具有1.5Mbit/s及以下的数字存储媒体运动图像及其伴音的编码　第3部分:音频

GY/T 168—2001 广播音频数据文件格式规范　广播波形格式(BWF)

GY/T 202.2—2007 广播电视音像资料编目规范　第2部分:广播资料

TS 102 366 V1.2.1 数字音频压缩(AC－3, 增强型 AC－3)标准

3 术语和定义

3.1 数字音频(Digital Audio)

数字音频是一种利用数字化手段对声音进行录制、存放、编辑、压缩或播放的技术,它是随着数字信号处理技术、计算机技术、多媒体技术的发展而形成的一种全新的声音处理手段。

数字音频资源是以音频激光唱片、光盘和网络为主要传播方式,以计算机及其相关外设为主要播放手段的音频信息资源。它的主要信息来源是磁带、广播、电影、电视等音频信息,它的主要服务方式和功能包括网络音乐、新闻广播、远程教学和数字图书馆等。

3.2 采样频率(Sampling Frequency)

每秒从连续信号中提取并组成离散信号的采样个数。

一般声卡采用44.1 kHz、22.05 kHz、11.05 kHz三种频率。采样频率越高,采样点之间的间隔就越小,声音波形就表达得越精确,数字化声音失真也越小,但需要的存储空间也就越大。

3.3 量化级(Quantitative Level)

度量采样后离散信号幅度时的分级数。

简单地说就是描述声音波形的数据位数的二进制数据，通常用 bit 做单位，如 16 bit、24 bit。

3.4 通道数（Channels）

传播音频信号的声道数，包括单声道、立体声、四声道环绕、5.1 声道等。

3.5 信噪比（Signal to Noise Ratio，SNR）

信噪比是有用信号与噪声之比的简称。

SNR = 有用信号的平均功率/噪声的平均功率。

3.6 比特率（Bit Rate）

单位时间内传送或处理的数据位数。

也称为数据速率，用 bps（bit per second）作单位，如 1.2Mbps 等。

3.7 波形音频文件格式（Waveform Audio File Format，WAV）

是微软视窗开发的一种波形声音文件，符合 RIFF 文件规范，几乎所有的音频处理软件和编辑软件都支持 WAV 格式。由于 WAV 格式存放的一般是未经压缩处理的音频数据，所以体积都很大（1 分钟的 CD 音质需要 10M 字节），不适于在网络上传播。WAV 这种文件扩展名表示该文件是 WAVE 文件。

3.8 广播波形格式(Broadcast Wave Format,BWF)

BWF格式,它是基于微软WAVE音频文件格式,由欧洲广播联盟1996年引入,这种格式的文件可以将数字音频与无线广播和电视进行交换。BWF格式的文件,是一种特殊的WAVE文件,它包含关于音频内容的基本元数据信息,所带的样本准确时间戳能将相关的文件按正确的顺序使用。BWF格式事实上已经成为音频领域的标准,加上被广泛使用于欧洲、澳洲,也被IASA(国际声音和音视频档案馆联合会)、AES(音频工程师协会)和美国国家文理记录学院(National Academy of Recording Arts and Sciences)作为音频保存推荐的终极格式。

3.9 索尼/飞利浦数字音频接口(Sony/Philips Digital Interconnect Format,S/PDIF)

是索尼和飞利浦公司制定的一种音频数据格式,主要用于民用和普通专业领域,插口硬件使用的是光缆口或同轴口,现在的DAT、CD机和MD机和计算机声卡音频数字输入输出口都普遍使用S/PDIF格式。

3.10 一个快速和强大的无损音频压缩（A fast and powerful lossless audio compressor，APE）

是一种无损压缩音频技术，这种格式的压缩比远低于其他音频格式，同时具有开放源码的特性。在现有不少无损压缩方案中，APE 是一种有着突出性能的格式，较高的压缩比以及较快的压缩速度，在国内应用比较广泛。

3.11 音频工程师协会/欧洲广播联盟（Audio Engineering Society/European Broadcast Union，AES/EBU）

是美国和欧洲录音师协会制定的一种高级的专业数字音频数据格式，插口硬件主要为卡侬口，目前用于一些高级专业器材，如专业 DAT、顶级采样器、大型数字调音台、专业音频工作站等。

3.12 动态图像专家组音频第三层（MPEG-1 AUDIO LAYER3，MP3）

MPEG 音频文件的压缩是一种有损压缩，根据压缩质量和编码复杂程度的不同可分为三层（MPEG Audio Layer 1/2/3），分别对应 *.mp1、*.mp2 和 *.mp3 这三种声音文件。MPEG－1 音频提供在 32、44.1、48 KHz 采样率，单通道和双通道（立体声）情况下的编码，预先确定的比特率对于层 1 是从 32—448 kbit/s，对于层 2 是从 32—384

kbit/s,对于层 3 是从 32—320 kbit/s。MPEG－1 音频编码具有很高的压缩率,＊.mp1 和＊.mp2 的压缩率分别为 4:1 和 6:1—8:1,而＊.MP3 的压缩率则高达 10:1—12:1,同时其音质基本保持不失真。

3.13 高级音频编码（Advanced Audio Coding,AAC）

MPEG－2 及 MPEG－4 标准均采用 AAC 编码。AAC 是一种高压缩比的音频压缩算法,它支持更多种采样率和比特率、支持 1 个到 48 个音轨。数据流速率为 320 kb/s 的 AAC 可以提供比数据流速率为 640 kb/s 的 MPEG－2 BC(一种类似 MP3 的音频压缩算法)更好的音质。最初,AAC 被作为 MPEG－2 标准的延伸,但是随着 MPEG－4 音频标准在 2000 年成型,MPEG－2 AAC 也被作为它的编码技术核心,同时追加了一些新的编码特性,所以又叫 MPEG－4 AAC。

3.14 线性脉冲编码调制（Linear Pulse Code Modulated Audio,LPCM）

以连续线性取样的方式撷取模拟信号转换成数字信号。LPCM 即线性脉冲编码调制,是一种非压缩音频数字化技术,是一种未压缩的原音重现,在普通 CD、DVD 及其他各种要求最高音频质量的场合中已经得到广泛的应用。各种应用场合中的 LPCM(PCM)原理是一样的,区别在于采样频率和量化精度不同。

3.15 无损压缩(Lossless Compression)

无损压缩去掉或减少了数据中的冗余,但这些冗余信息是可以重新插入到数据中的。因此,无损冗余压缩是可逆的过程,也称无失真压缩。

3.16 有损压缩(Lossy Compression)

有损压缩允许一定程度的失真,可用于图像、声音、动态视频等数据的压缩,压缩比将达到几十倍甚至上百倍。损失的信息是不能再恢复的,因此这种压缩法是不可逆的。

3.17 杜比降噪(Dolby Noise Reduction)

杜比降噪系统根据性能分为 A、B、C、S 及 SR 等几种形式。杜比降噪系统是充分利用人耳听觉的掩蔽效而达到降噪目的的。(所谓的掩蔽效应就是一个较响的声音往往会掩盖住一个轻柔的声音,特别是当这两个声音处于相同的频率范围内。电声技术中的"信噪比"指标、演播室内的安静标准及降噪声等都是利用掩蔽效应来确定的)现在将较大的声信号作为音乐信号。较小的声信号作为噪声,则只要信号和噪声的比例超过一定数值时,人就只能听见音乐声而听不到噪声。杜比降噪系统由压缩器和扩展器组成,杜比降噪系统主要用来降低录音或放音的噪声。

3.18 长期保存级(Long-term Preservation Level)

以存档为目的,在确保数字音频数据的内容和物理完整性的前提下,采集并保存音频数据,使得音频数据随着时间的流逝和技术变化,还能够对存档的数据进行读取。

3.19 发布服务级(Publishing Service Level)

以获取和使用为目的,发布在服务器上,用户能够通过因特网快速下载、浏览的数字音频,这种级别的文件码率较低、体积小。

4 原则

前瞻性:尽量提高数字化产品在将来使用的可能性。

适用性:充分考虑不同类型资源的特点和对其进行数字加工的特殊性因素。

科学性:在标准制定过程中,尽可能直接引用和采纳国际上已经普遍应用的技术标准和规范。

兼容性:尽量保持与“我国数字图书馆标准建设”(CDLS)项目、中国高等教育数字图书馆(CADLIS)及其他大型数字图书馆建设项目的标准规范的可转换性和易转换性。

5 内容标记

内容标记规定了音频数据加工过程中涉及的元数据（包括描述元数据和管理元数据）的创建所应遵循的标准规范。描述元数据的创建应遵守“国家图书馆元数据总则”项目和“国家图书馆专门元数据标准与著录规范——音频”项目成果的规定，管理元数据的创建应遵守“国家图书馆管理元数据规范项目”成果的规定。描述元数据由著录人员在元数据加工环节中创建（参见7.6 元数据加工），在音频数据加工过程中创建的管理元数据如下表1。

附属物件内容标记参照《国家图书馆图像数据加工标准和操作指南》“6 内容标记”。

表1 音频数据加工过程中创建的管理元数据

元素	定义
信息资源标识符	唯一识别信息资源的标识。
来源	派生出本资源的非数字资源。
格式	信息资源的物理或数字表现形式，可以包括载体类型、大小。
采样频率	每秒钟从连续信号中提取并组成离散信号的采样个数。
比特率	单位时间内传送或处理的数据位数。

续表

元素	定义
通道数	传播音频信号的声道数。
量化精度	度量采样后离散信号幅度时的分级数。
压缩	包括压缩方法和压缩率。
加工方式	包括扫描、格式转换等。
设备	加工信息资源所使用的设备如声卡。
代理标识符	唯一识别代理的标识。
代理名称	代理的名称,包括职称、所在单位等。
代理类型	根据代理的定义对其划分的基本大类。建议建立受控词汇表,规范类型的取值。建议取值:个人,团体,软件。
职能	取值为数字加工人员。
事件标识符	唯一识别事件的标识。
事件类型	包括采集、数字化加工等。
操作	包括声音处理、图像处理等音频编辑等。
操作日期时间	操作发生的日期时间,如采集时间、处理日期等。
设备	加工或使用音频资源的硬件环境,如电脑。
压缩方法	以较少的位表达原属数据的编码过程,如有损压缩、无损压缩。

续表

元素	定义
数字对象的格式	信息资源的数字表现形式。
语种	音频资源原声语种。
关联	音频资源与附属物件的关联。
收藏级别	将收藏的音频资源按目的、功能与用户水平划分的级别。如长期保存级、发布服务级。
存储介质	音频资源保存的物理媒介,如磁盘、光盘。
持续的时间	音频资源的时间长度,如 90 分钟。
文件的大小	音频资源文件的大小,如 150M。

注：表 1 中的元素及其定义均来源自“国家图书馆管理元数据规范”项目;表 1 中的元素如果不能满足实际加工需要,可以根据“国家图书馆管理元数据规范”的原则添加或自定义扩展元素项。

6　资源应用级别、加工标准和格式体系

6.1　长期保存级

表2　音频资料长期保存级加工标准和格式体系

<table>
<tr><th rowspan="2">资源内容</th><th rowspan="2">资源级别</th><th colspan="3">主要参数</th><th rowspan="2">推荐格式及压缩方法</th></tr>
<tr><th>采样率</th><th>量化级</th><th>通道数</th></tr>
<tr><td>特殊录音资料</td><td rowspan="6">长期保存级</td><td>96/320kHz</td><td>24 bit</td><td rowspan="6">多声道/双声道/单声道（由原始资料特性决定）</td><td rowspan="6">BWF：欧洲广播波形格式 WAV：不压缩或无损压缩 APE：无损压缩（不同压缩算法压缩比不同）</td></tr>
<tr><td>极高质量要求</td><td>48/128kHz</td><td>24 bit</td></tr>
<tr><td>CD 质量标准</td><td>44.1kHz</td><td>16 bit</td></tr>
<tr><td>录音最低质量</td><td>22.05kHz</td><td>16 bit</td></tr>
<tr><td>语音质量</td><td>22.05kHz</td><td>16 bit</td></tr>
<tr><td>语音最低质量</td><td>16kHz</td><td>8 bit</td></tr>
</table>

6.2 发布服务级

表 3 音频资料发布服务级加工标准和格式体系

应用场景	资源级别	主要参数			推荐格式
		比特率/采样率	量化级	通道数	
较高比特率	发布服务级	64—320kbps/44.1 kHz	16 bit	双声道	MP3 AAC WMA
较低比特率		16—64kbps/22.05 kHz		双声道/单声道	

7 数字加工流程

7.1 资料整理

列出拟加工资源的目录清单，履行出库房手续，核实出库实物与标识号是否一致。登记标识号、出处、件数、处理方法、时间、人员等有关信息。

数字化加工之前，对馆藏音频资料的保存情况进行检查，确保原始录音带无粘连、无脱落，盘片无污染、无划痕、无断裂。如出现上述情况，可先对音频资料进行修复，以确保数字化加工质量。

数字化工作完成后,办理实物还库房手续,登记信息。做到安全、准确、无遗失。

7.2 内容采集

7.2.1 模拟信号采集

根据音频资源的存储介质,选择不同的播放设备作为模拟信号的输出端。保证适宜的采集环境,尽量减少各种环境因素造成的对原始资源播放时的干扰,保证对原始资源完整的播放采集。

长期保存级音频资源采集:通过硬件设备直接采集,根据原始资源内容的特性,选择相应质量的采样率、量化级、通道数等参数设置。

发布服务级音频资源采集:根据音频资源用途,确定使用级别,选取相应的参数通过硬件设备直接采集;或通过专业软件,对长期保存级音频资源进行压缩转换处理。

对已采集的数字信号质量进行检查,保证音频正确反映原始资源。对于出现问题的音频,确定其为采集过程中造成的,应进行重新采集。

7.2.2 数字信号采集

激光唱片(CD):利用音频工具软件直接抓取音轨信息,通过手动方式或软件拷贝至计算机硬盘。

数字录音带(DAT):用DAT播放,通过SPDIF数码界面直接输入电脑。

7.3 压缩转换

根据音频资源的内容和应用级别,进行采样率、量化级、通道数、比特率等参数设置,对已采集的文件进行编码压缩、格式转换。

音频采集对象的内容可包括一个或多个文件,在转换过程中应作为一个完整对象进行处理。

7.4 音频编辑

音频编辑应用于发布服务级音频资源,以尽量保持原始声音面貌为加工原则。

音频内容编辑:按照原始曲目的设置进行文件的剪辑、拼接,音频编辑过程需注意保证音频资料的完整性,不残留过多空白音频。

音频效果处理:利用专业音频软件进行音量调整、均衡、降噪等音频效果处理。

7.5 附属物件处理

与音频资源本身相关的封面、文字介绍等附件,需进行扫描处理。

根据数字化后音频文件的应用级别,选择附属物件数字加工标准,具体技术参数参见《国家图书馆图像数据加工标准和操作指南》。

将获取的数字音频文件及相关数字化附件内容,组合成完整的资源,并通过元数据实现关联。

7.6 元数据加工

7.6.1 音频元数据创建

音频资源的著录对象既包括长期保存级的音频资源，也包括发布服务级的音频资源。在元数据加工环节，要为每个数字音频文件添加管理元数据、描述元数据。

对于复合资源：附件需要单独发布的，则需要依据相关的元数据标准为附件添加元数据记录，附件有元数据记录的，可直接套用或导入，并在关联字段揭示数字对象和附件之间的关系；附件不需要单独发布的，则附件和数字对象只使用一条元数据即可。

7.6.2 元数据的关联

在元数据加工环节需要建立同一对象数据的不同元数据之间、元数据与对象数据来源资源之间、对象数据与来源资源之间的关联。相关资源的关联，可以通过描述元数据里“关联（Relation）”元素描述。下列情况下需要建立关联：

来源于不同载体的同一内容的音频；

资源的不同组成部分之间，如一盘磁带的不同节目之间；

文献和它生成的数字对象。

7.6.3 附属物件元数据创建

参照《国家图书馆图像数据加工标准和操作指南》“9.5 元数据加工”。

7.7 保存

数字资源保存分为长期保存级、发布服务级，分别满足数字资源当前与长期利用的需要。具体参数参见《国家图书馆数字资源长期保存规范》。

为保证数据安全，两类保存方式的存储机制为：长期保存级和发布服务级；

数据文件的说明文档随对象数据保存在相应的介质上。

7.8 质量检验

根据数字资源加工对象不同，对其相应的对象数据（存储数据、发布数据等）、元数据、附属物扫描、存储介质和保存机制根据检验标准进行检验。分为加工环节检验和数据质量验收两个环节。

加工环节检验为全面彻底的检验，由加工部门按照标准规范的要求执行。检验内容包括：元数据验收、音频数据验收、附属物验收、存储介质验收等。

数据质量验收为抽检，由质量验收部门执行。检验内容包括：元数据验收、音频数据验收、附属物验收、存储介质验收等。

7.9 过程管理

建立过程管理表，详细登记图像数字加工流程，并及时整理、汇

总,相关文档装订成册,在数字化工作完成的同时建立起完整、规范的记录;

建立音频数字加工各环节的安全管理机制,确保实物在加工过程中不丢失、不损坏。

8 命名规则

音频数字文件的命名规则由以下部分组成:项目代码+文献代码+结构代码+资源级别代码。各段代码直接连接,不使用连接符号。

项目代码为项目编号+项目年:项目编号为3位数字,代表国家图书馆数字化项目的编号;项目年为2位数字,代表该项目的加工年份。

文献代码为7位流水号,代表数字化项目当年加工的文献的编号。

结构代码,见附录A。

资源级别代码,见附录B。

附录 A
（资料性附录）
结构代码

结构代码由结构编号 +4 位流水号组成。

结构编号为 1 位字母，代表对象数据的结构信息，详见表 4；

结构数据代码后以 4 位流水号表达对象数据的最小单位；

结构数据代码的 1 位字母与流水号之间不需连接符号，流水号不足 4 位的前面补 0。

表 4　结构代码表

序号	代码	说明
1	A	音视频资料的光盘封面、网络资源的截图封面等。
2	B	音视频资料的片花等。
3	C	音视频资料的片断目录等。
4	T	音视频音频资料的各个片断。
5	X	音视频资料的印刷型附件、实物资源的相关说明考证资料等。
6	Y	音视频资料的拍摄花絮等。
7	Z	音视频音频资料的光盘封底等。

附录B
（资料性附录）
资源级别代码

资源级别代码:资源级别代码由1位或2位字母组成,分别代表资源的应用级别,详见表5。

长期保存级:在本规范中用字母A表示。用于音频数字资源的档案保存;加工转换适用于各种应用场景的服务级资源。对不同类型的对象,其采样率、量化级、通道数等参数的具体要求也不同。

发布服务级:在本规范中用字母D表示。用于网络播放,因用途和使用场景不同又分为高级和低级。

高级:用字母DH表示;

低级:用字母DL表示。

表5　资源应用级别代码表

<table>
<tr><th>序号</th><th>应用级别</th><th colspan="2">代码</th><th>说明</th></tr>
<tr><td>1</td><td>长期保存级</td><td colspan="2">A</td><td>用于音频数字资源的档案保存;加工转换适用于各种应用场景的服务级资源。</td></tr>
<tr><td rowspan="2">2</td><td rowspan="2">发布服务级</td><td rowspan="2">D</td><td>DH</td><td>相当于CD质量。可用于服务级的其他级别资源的加工。</td></tr>
<tr><td>DL</td><td>相当于广播质量。</td></tr>
</table>

第二部分　国家图书馆音频数据加工标准操作指南

1　音频资源的加工流程说明

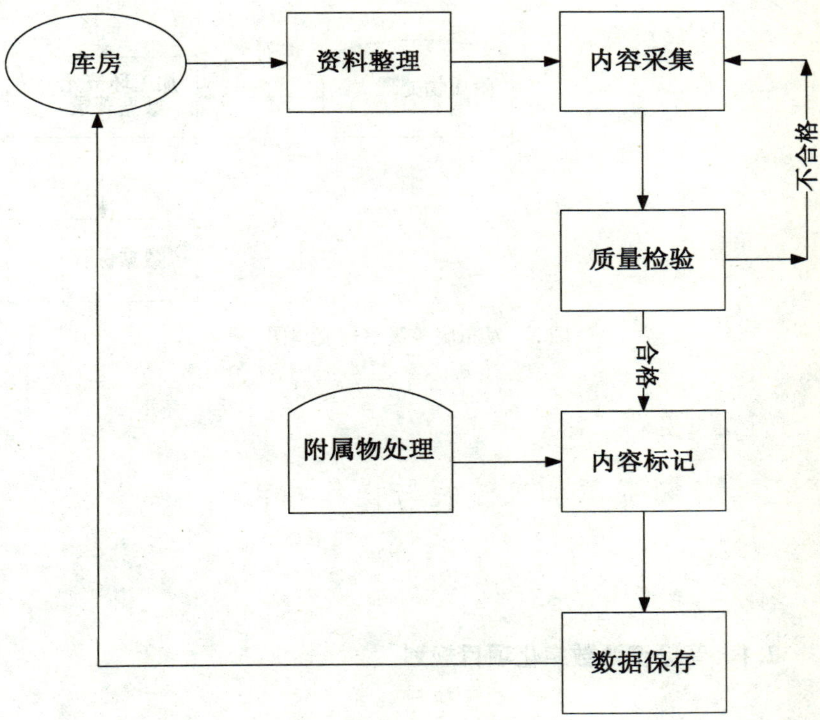

图 1　长期保存级整理流程图

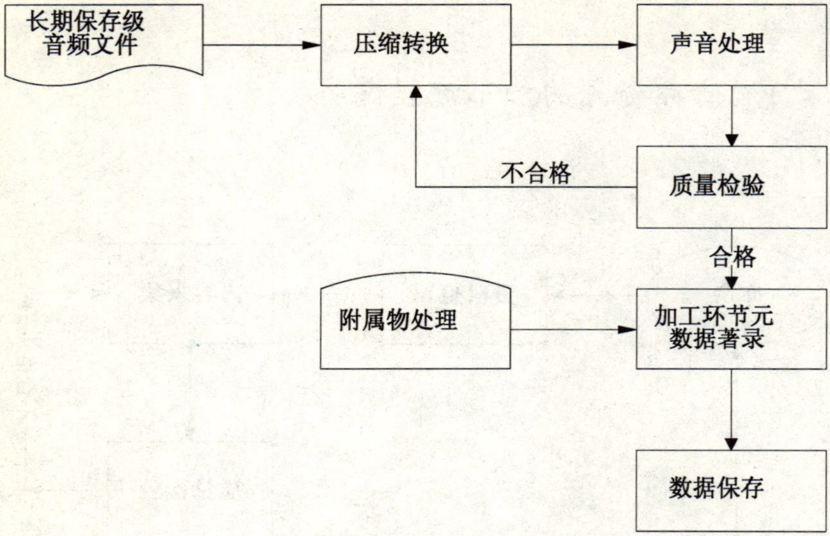

图 2　发布服务级整理流程图

2　音频资源加工流程与操作指南

2.1　音频资源数字化项目规划

2.1.1　加工项目计划的确立

不同类型资源的加工

• 长期保存级

长期保存级是为了最大限度的还原原始音频资料，因此在加工过程中,尽可能保持原始音频资料的各种要素(包括时间长度、声音等),不对其进行任何形式的修改。

• 发布服务级

发布服务级是针对服务要求,对长期保存级的文件,进行二次加工(包括声音技术处理、文件编辑、转码、命名等)。

2.1.2 制订加工方案

需要在加工项目开始的时候,制订详细的加工方案:

• 加工部门及人员

加工部门应为专门的加工部门,不隶属于其他业务部门,便于对各种资源统一加工、设备和人员统一管理。人员配备合理,各司其职,应具有相关技术的专业背景及熟练的计算机操作水平。

• 加工设备

为满足各种资源的数字加工,需要齐全的加工设备(包括各种播放设备、数字音频设备、计算机、存储等)。

• 执行的规范与操作指南

制定科学严谨的标准规范,并认真遵守;根据标准规范制定的操作指南,具体指导实际工作。

• 加工周期

应有一个明确的加工周期。加工周期的制订,需要细致的研究和科学的计算。

• 存储

应事先考虑加工成品的存储空间，制订中长期资源存储发展的规划，并可根据实际的情况不断调整。

• 发布

发布系统的确立至关重要，可自行研制也可外包，一定要有一个兼容性好的发布平台，并且可以根据用户的需求，不断的改进。

• 自建或者外包

一些音频文件由于具有珍贵性和复杂性的因素，原则上这些音频资源由本馆加工部门加工；对于一些价值较低、数量大的音频资源，可外包给拥有相关设备、技术水平高和经验丰富的单位来加工，但要制订严格的监管机制，对加工过程也要进行必要的监督，对最终的验收也必须严格执行标准规范的要求。

2.1.3 质量验收

2.1.3.1 质量验收工作流程

参加质量验收工作的部门，应包括加工部门、项目承担部门、验收部门及馆方。加工部门负责资源数字化加工工作，项目承担部门负责项目监管及成品数据抽检，验收部门负责数据的验收，馆方指定的相关部门负责成品数据的入库和网上发布工作。数据的抽验和验收均需按约定定期分批进行。

(1)数字资源加工部门在加工过程中按项目合同的约定定期分批向相关业务部门提交经过质检的成品数据及“合格产品质检报告”，并对所提交的加工成品资源100%的检查。

(2)验收部门根据加工部门分批提交的“合格产品质检报告”,及时按项目合同规定的“加工技术标准”和“质量检验标准”对成品数据进行抽检,并在“合格产品质检报告”上签署检验结果。

其产品经检验合格的,交给加工部门保存,同时在“合格产品质检报告”上签署“合格”;凡不合格产品退回加工部门,并在“合格产品质检报告”上签署“不合格”,直至检验合格为止。

首次申请质量检验或者经质量检验合格后产品的“加工技术标准”发生变更,在申请质量检验时应当同时提交变更的“加工技术标准”等资料。加工技术标准的变更需经馆方相关技术部门认可后,才能在加工中予以执行。

(3)验收部门采取每日随机抽查的方式。抽查内容包含“合格产品质检报告”和产品质量。

(4)数字资源加工任务全部结束后,由数字资源加工部门和相关业务部门各自提交整体任务“检验报告”。

(5)数字图书馆管理处组织验收完成后,需出据“检验报告”。“检验报告”合格的产品,数字图书馆管理处负责安排产品的入库和网上发布工作。“检验报告”不合格的产品,及时退回加工部门,并给予加工部门和相关业务部门一定的处罚,直至验收合格。

(6)经检验产品质量严重不合格的加工部门,应考虑取消承担国家图书馆数字资源加工资格。

2.1.3.2　音频文件质量验收内容及标准

音频文件质量的检验样本覆盖率不低于10%，抽样不合格率不得高于0.3‰。内容包括，但不限于如下几点：保存级文件采集完整、声音还原真实；发布级文件，声音的大小、噪声等适合收听，文件大小适合网络发布；所有文件能正常打开、播放；采样频率和其他格式化需求达到加工的技术规范。

凡不合格的，需重新进行校验并正确处理。

2.1.3.3　元数据著录质量检验内容及标准

元数据注入的质量检验，样本覆盖率不小于10%。检验内容及标准包括，但不限于如下几项：信息表文字处理的错误率不超过0.3‰；目次数据的结构遵守元数据著录规则和CNMARC格式、100%准确；信息表中的记录标识号与MARC中的001字段相一致；信息表中的文件名与图像文件名位置准确、名称准确；目次数据、书目数据和图像数据的链接准确一致。

凡不合格的，需重新进行校验并正确处理。

2.1.3.4　保存介质及标签质量检验内容及标准

存储介质的质量检验，样本覆盖率不小于10%，抽样不合格率不高于0.3‰。检验内容包括但不限于如下几项：提交的光盘编号清单与光盘相对应，准确无误；光盘内文件(Readme)与光盘编号清单对应；存储介质无坏死文件、能正常播放；文件不携带病毒。

凡不合格的，需重新进行校验并正确处理。

2.2 资料整理

对于需要进行加工的资源，根据清单履行出库手续，核实出库实物与标识号是否一致。登记标识号、出处、件数、处理方法、时间、人员等有关信息。

数字化加工之前，对馆藏音频资料的保存情况进行检查，确保原始录音带无粘连、无脱落，盘片无污染、无划痕、无断裂。如出现上述情况，可先对音频资料进行修复，以确保数字化加工质量。如无法进行修复，则暂时退回库房保存。

数字化工作完成后，办理实物还库房手续，登记信息。

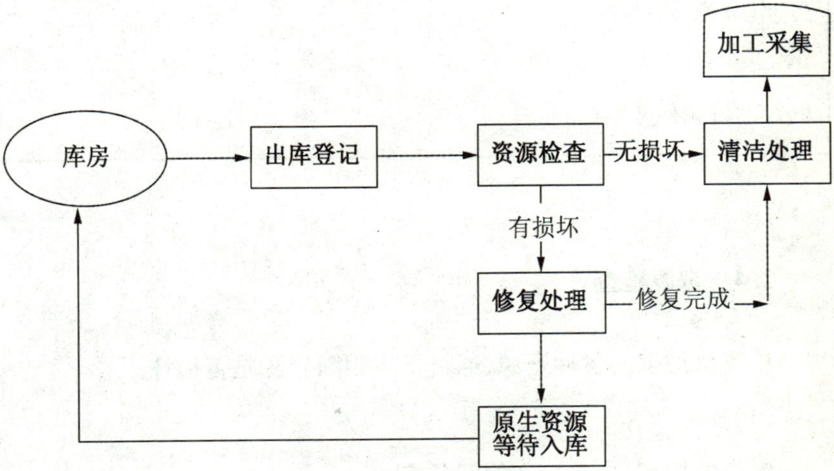

图 3　资料整理流程图

2.3 出库登记

将要加工的资源从库房中取出，并进行加工登记。

表 1 出库登记单

<table>
<tr><td>项目名称：</td><td colspan="4">项目性质（选择）：□ 模拟磁带 □ 数字磁带
□ 光盘 □ 唱片
□ 其他（ ）</td></tr>
<tr><td>项目概述</td><td colspan="4">（项目工作内容和实施计划简介）</td></tr>
<tr><td>ID</td><td>名称</td><td>加工部门</td><td>加工时间</td><td>负责人签字</td></tr>
<tr><td colspan="5">其他需要说明的事项：

相关附件（附件另外装订存档）</td></tr>
</table>

2.4 资源检查

检查待加工的各种资源，通过下表判断资源是否损坏。

(1)磁带类

磁带的损坏，主要检查的问题有：

现象	观察手段及检查方法
磁带断裂	直接通过肉眼即可检查
磁带松散	直接通过肉眼即可检查
受潮后水解引起的发霉、粘连、氧化物脱落。	直接通过肉眼检查。
	检查方法为：将磁带抽取一部分，迎着灯光看是否有透明的点或线。
磁带边缘磨损、变形。	直接通过肉眼即可检查
醋酸基质受热引起的变脆、变形（拉伸）、龟裂等。	先用肉眼检查磁带，然后慢慢卷绕磁带。如果能够拿到磁带的小残片，把它轻轻弯折一下，测试其是否被折断或被折出裂痕。

（2）盘（唱）片类

盘片常见的损坏及其检查如下：

现象	观察手段及检查方法
盘片碎裂或碎片不见了	直接通过肉眼检查
盘片破损	直接通过肉眼检查
漆面脱落	直接通过肉眼检查
划伤	直接通过肉眼检查

2.5 修复处理

采用目前成熟技术可以修复的资源，尽量修复；如果目前成熟技术无法修复，则保持原样，等待入库，直到将来技术发展，能够进行修复时再进行加工。

如果有明显的损毁，但是又没有受过专业培训，请咨询专家。

注意：不要回转或播放有问题的磁带！否则整个磁带会断裂。

表2　资源修复情况统计单

<table>
<tr><td colspan="2">项目名称：</td><td colspan="4">项目性质（选择）：☐ 模拟磁带　☐ 数字磁带
☐ 光盘　☐ 唱片
☐ 其他（　　　）</td></tr>
<tr><td>ID</td><td>名称</td><td>现象</td><td>能否修复</td><td>处理方法</td><td>负责人签字</td></tr>
<tr><td colspan="6">其他需要说明的事项：

相关附件（附件另外装订存档）</td></tr>
</table>

（1）磁带修复

现象	修复方法
磁带断裂	务必把所有的碎片拼接好。如果碎片对声音质量或介质有很大的危险性破坏，则必须修复，万不得已时甚至可以将其剪除。用易挥发的液体（基于石脑油的）或者异丙醇（不能用在醋酸纤维磁带）清洁后，再拼接。 拼接修复完成后，不要再使用，也不要把它放在不能存放保存级别的塑料卷轴上，而应该将磁带重新缠绕在干净、标准的无槽NAB轮毂或金属卷轴上。

续表

现象	修复方法
磁带松散	重新绕磁带
受潮后水解引起的发霉、粘连、氧化物脱落	①弯翘的修复 如果可能的话,让磁带以 B 型绕带方式 3 到 6 个月。如果时间不允许,可以短时间以 B 型绕带方式来矫正。如果要迅速进行,可以调整播放设备的拉力,或使用压力波纹细丝带。如果磁带严重弯翘,则应该从卷轴上取下。这种情况下,是不可能通过慢慢缠绕来达到修复之目的的。 B 型绕带,即在外面用氧化物把磁带包起来,在里面回倒。 ②氧化物脱落的修复 成块脱落。这样的磁带不要播放。目前还没有好的修复方法。 脱落。由于时间太久的脱落,也基本上没有办法阻止其发生。唯一能做的就是注意保存的环境和定期清洁。 ③发霉的修复 先用高效空气过滤器进行真空除尘,接着用 Pellon 磁带清洁机来清洁磁带。 ④粘连的修复 磁带粘连大部分都可以通过"烘烤"、热重绕等方式处理。如何处理,取决于磁带基片的物理化学成分。为防止粘连,存储的时候,放干燥剂。
磁带边缘磨损、变形	播放器使用窄的磁头。但是要注意的是,这样做会牺牲信噪比和保真度。
醋酸基质受热引起的变脆、变形(拉伸)、龟裂等	先用肉眼检查磁带,然后慢慢卷绕磁带。如果能够拿到磁带的小残片,把它轻轻弯折一下,测试其是否被折断或被折出裂痕。

（2）盘片修复

现象	修复方法
盘片碎裂或碎片不见了	如果盘片破碎，能修复则修复。如果碎片丢失，或者目前无法修复，则重新放回原库，以待将来技术成熟后进行修复。
盘片破损	有些光盘，虽然盘片破损了，但是还是可播放的。在无法修复的情况下，尝试播放。如果无法播放，则重新放回原库，以待将来技术成熟后进行修复。
漆面脱落	如果限于当前的技术无法进行修复，则需把盘重新储存起来，直到未来有能力处理。
划伤	取决于严重程度。一般可以播放，但是在元数据中要做记录。

（3）唱片修复

现象	修复方法
唱片碎裂或碎片不见了	（参见盘片修复）
唱片破损	唱片破损了，是无法播放的。如可修复，尽量修复，目前无法修复，则重新放回原库，以待将来技术成熟后进行修复。

续表

现象	修复方法
变形	因挤压、温度变化造成的变形，宜采用物理方法修复。如果限于当前的技术无法进行修复，则需把盘重新储存起来，直到未来有能力处理。
划伤	（参见盘片修复）

2.6 清洁处理

（1）磁带清洁

在播放的时候，磁头与播放设备会直接接触。磁头的缝隙非常狭窄，如果磁带灰尘很多，脏物会将磁头缝隙塞满，会导致播放信号的损失，并可能产生大量的噪音，影响最终成品资源的质量。

在清洁之前要先加以判断，以确认是否需要进行清洁处理。不是所有磁带在转换之前都需要清洁的。对于污点清洁，推荐使用基于石脑油的易挥发液体或者异丙醇。清洁的时候，一定要咨询专家。对于全面清洁氧化物脱落或其他干、散残片，推荐使用 Pellon（培纶布）。

磁带的清洁可以用软刷子或真空吸尘器来进行。清洁的顺序：

- 用真空吸尘器；
- 仔细进行机械上的清洁（如软刷，用软纸巾擦拭等）；
- 用蒸馏水（如果允许的话）；

• 化学溶液(如果允许的话)。

(2)盘片清洁

激光影碟表面有污迹时,不能使用酒精或其他有机溶剂擦拭,可用柔软的绒布沾水湿润后轻轻擦拭,并注意从影碟中心直接向外擦,而不能顺纹擦拭。不要使用酒精,否则会损坏光盘,使光盘彻底报废。清洁的时候,先是干性清洁:使用扫尘或真空吸尘。然后用抗静电刷、消电离水、液体肥皂等。也可以使用商业化的机械式盘片清洗机。

总之,清洁之后不能留残渣,也不能损坏盘片。

清洗之前,请咨询专家。

2.7　等待原生资源入库

原生资源等待入库的步骤:

(1)返回登记,并核查数据是否一致。

(2)排架后返回库永久保存。

2.8 内容采集

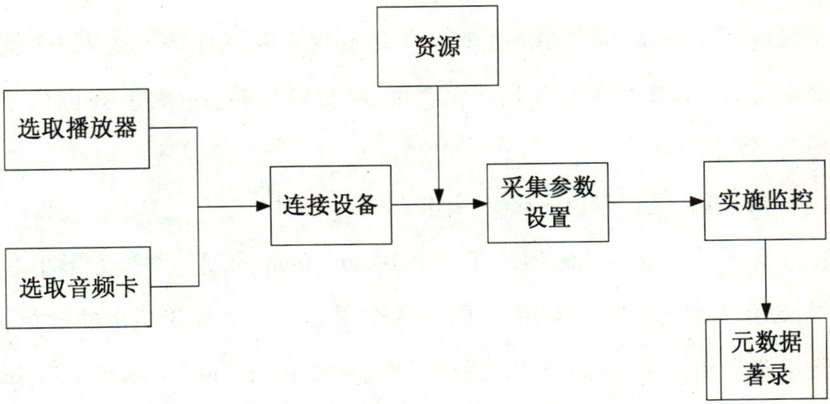

图4 内容采集流程图

2.8.1 加工环境

加工环境的选择,是保障数字加工顺利进行的前提。应选择照明适度、安静、温度及湿度常年一致的独立空间,可根据本单位办公环境、人员、加工量、资金投入等因素,确定空间的大小。空间内划定好区域,包括模拟音频采集区、数字音频采集区、混合采集区、附属物扫描区、音频资源修复区、音频资源存放区、加工人员办公区。设定区域的目的,在于明确具体加工流程,方便组织管理。

2.8.2 选取播放器

播放设备对音频采集是至关主要,各种不同的音频资源需要相对应的播放设备来播放，播放设备的优劣，直接关系到最终的数字音频的加工质量。选取具有精湛的制造工艺、高水平的性能指标（动态范围、信噪比、失真度）的专业播放设备，能较好的保护原始素材，对音频信号的还原性高、损失小。尤其对于那些保存时间比较长的素材[例如磁带，密纹唱片（LP）等]、老化严重、声音信号弱、效果差，在进行还原时，效果明显。

（1）盒式录音带（Cassette Audio Tape）

盒式录音带是把磁带装在一个 10cm×6cm 的塑料制长方形小盒里，磁带宽度 3.81mm，磁带表面有 4 个磁道，分为 A/B 两个播放面，磁带厚度 9μm—18μm 之间，磁带长度有 30min、60min、90min、120min 等多种规格，磁带运行速度 4.76cm/s。与普通盒式磁带录音机不同，中高档卡座通常采用三磁头、石英马达、闭环驱动、杜比降噪等高端技术，从而获取高音质录音与回放。播放器可选用高档立体声录音卡座。

（2）开盘式录音带（Open Reel Tape）

开盘式磁带录音机现在一般用于专业场合，如作为广播电台、电影、音乐会等场合下的音响设备。其使用的开盘式磁带是圆盘的，规格分为 7 寸盘 4 轨、10 寸盘 2 轨，性能参数水平较高，一般都做成台式或落地式。规格分为 7 寸盘 4 轨、10 寸盘 2 轨 。播放器为开盘式磁带录音机。

（3）数字录音带（Digital Audio Tape）

数字录音带（Digital Audio Tape，DAT），也叫4mm 磁带，是一种用于磁带数字录音的专业品质级别的标准媒体和技术，可以使用这种磁带进行数字录音。播放器可以选择专业的 DAT 录音机。

（4）密纹唱片（Long-playing Record）

密纹唱片（Long-playing Record，LP）是一种黑色圆盘形的胶片，用树脂（后期改用聚氯乙烯，即 PVC）压制上面刻有凹凸的坑纹，以记录声音。80 年代后期，这些唱片的颜色已不再局限于黑色，而可以是白色、橙色、透明、荧光色等。播放器选择电唱机，根据转速，可划分为两种，即 45 转和 33⅓转。

（5）激光唱片（Compact Disc）

激光唱片（Compact Disc，CD）包括一条或以上的立体声轨，以 16bitPCM 编码技术，采样率为 44.1 kHz。标准激光唱片的直径为 120mm 或 80mm，120mm 激光唱片可储存约 80min 的声音。80mm 的激光唱片，有时被用作发行单曲激光唱片（CD Singles），则可储存约 20min 的声音资料。播放器可选用现今通用的 DVD－ROM 即可。

2.8.3 选取音频卡

音频卡又称声卡，用来处理音频信号，是计算机具有声音功能的主要接口部件。按接口方式划分为 PCI、PCM、IEEE1394 火线、USB 四种。

主要的技术参数：

采样频率（Sample Rate）：主流声卡分为 11.025 kHz、22.05 kHz、

44.1 kHz、48 kHz 四个等级，采样频率越高，音质越真实。

量化位(Quantitative level)：常见有 8 位、16 位、24 位、32 位。其中 16 位的声卡比较流行。量化位越高，失真度越小，录制和回放的声音就越真实。采样频率和量化位决定音频卡的音质清晰、悦耳、噪声的程度。

通道数(Channels)：包括单声道，双声道和多声道等。常见的有 8 位单声道、8 位立体声、16 位立体声、多通道 16 位立体声、多通道 24 位立体声(DVD 音频标准)。

信噪比(Signal to Noise Ratio，SNR)：信噪比是音频信号的幅度与噪声强度的比值。信噪比的单位是 dB(分贝)，数值越大声卡的滤波效果越好，一般是大于 80 分贝。

总谐波失真(Total Harmonic Distortion，THD)：是对音频卡保真度的一个总体评价。单位是 dB(分贝)，数值越低就表明音频卡的失真率越小，对声音的还原越真实。总谐波 THD 用% 表示，失真越小越好。

频响范围(Frequency Response Range，FR)：全称是频率响应范围，也叫频率特性。频率响应是指在振幅允许的范围内音响系统能够重放的频率范围，以及在此范围内信号的变化量称为频率响应。人类听觉所能达到的范围大约在 20Hz—20kHz，目前成熟的耳机工艺都已达到了这种要求。在额定的频率范围内，输出电压幅度的最大值与最小值之比，以分贝数(dB)来表示其不均匀度。普通功放的频率响应为

20Hz—20 000Hz 约（+/-）1—3dB；优质功放的频率响应为20Hz—20kHz约+/-0.1dB。

数字信号处理器（Digital Signal Processing，DSP）：数字信号处理器芯片可以减轻CPU的负担。使用数字信号处理器可以通过编程来完成一些特定的任务，例如高质量声音、图像和视频信号的处理等。声频板上的数字信号处理器芯片用来处理音频信号，它可以加快处理的速度，并可用于音乐合成以及加强一些特殊的数字声音效果。

2.8.4 电脑

电脑是采集中的重要一环，包括盘片的采集，所有的转化工作最终都要在电脑上完成。电脑中CPU运算速度，内存的大小，硬盘的空间，对采集工作的影响较大。采用运算速度快，内存大，硬盘空间大的电脑。电脑在采集过程中，专机专用，不可与外部网络连接，避免传染电脑病毒。

2.8.5 数字音频软件

专业级别的数字音频软件能够完成从录音、声音处理、效果处理、到输出数字音频格式等工作。它还可以在AIF、AU、MP3、RAW、PCM、SAM、VOC、VOX、WAV等多种数字音频文件格式之间进行转换。与声卡、电脑一起构成数字音频电脑系统。

2.8.6 唱头放大器

由于LP唱机的唱头输出的信号电平要比CD唱机和磁带录音机的输出为低，因此，需要加一级专门的多半带有频率均衡的前级放大器，即唱头放大器。

2.8.7 连接设备

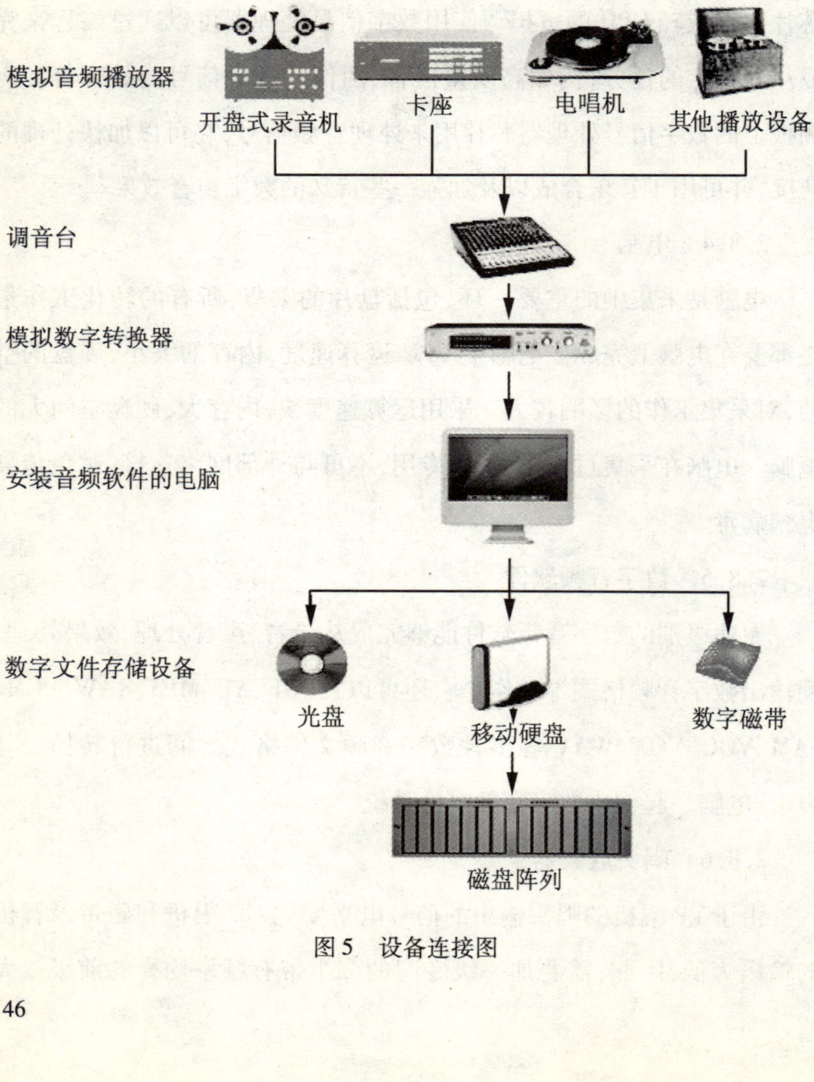

图5 设备连接图

注意:切不可在设备加电的情况下进行连接,否则极有可能损坏设备!

设备连接方案:

方案一是采集模拟信号通用的方案;

方案二是针对 DAT 数字信号的方案;

方案三是密纹唱片的方案。

方案一:播放器+信号线+音频卡

将播放设备的输出端(Line Out)通过音频连接线,接入到声卡的输入端(Line In)。注:播放器包括卡座、唱机、开盘机等,通过这些设备模拟输出端,连接到音频卡的输入端,经过音频卡 A/D 转换器转换,成为数字格式。

方案二:数字录音机(DAT)+光缆(SPDIF)+音频卡

通过数字音频接口(SPDIF)输出端,用光纤连接到声卡的(SPDIF)输入端,并对电脑进行相应的设置。

注:因 DAT 带记录的是数字格式,因此不经过音频卡 A/D 转换器转换,直接导入到电脑中。

数字设备之间要做到同步运行,必须使用一个同步控制信号,使连接工作的数字化设备的采样频率锁定在同一采样频率值,从而做到数据码流相同。

具体做法:连通数字设备的字时钟接口,就可将所有数字设备的采样频率锁定在一个数值上,精确地按照相同的采样频率录放音。

具体操作:选定某个数字设备为主控设备(主机),其余设备为从属设备(从机),确定主机采样频率,切断从机设备内部的字时钟,并改为以主机的采样频率作为外字时钟控制。主控设备传送一个采样数据,从属设备播放同一个采样数据,从而保证了设备的同步。

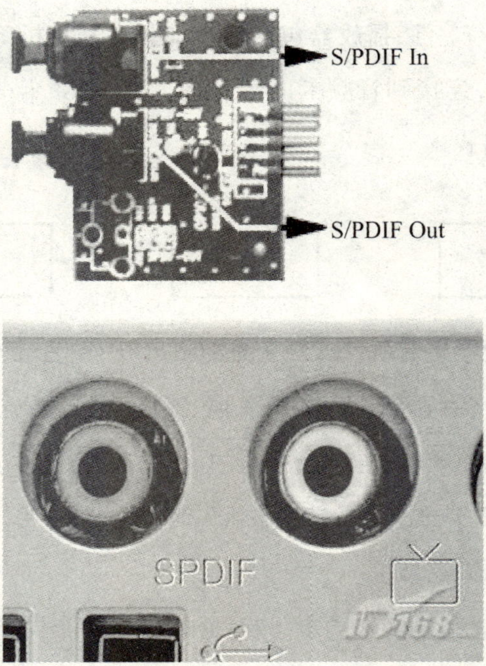

图 6　声卡 SPDIF 的接口图

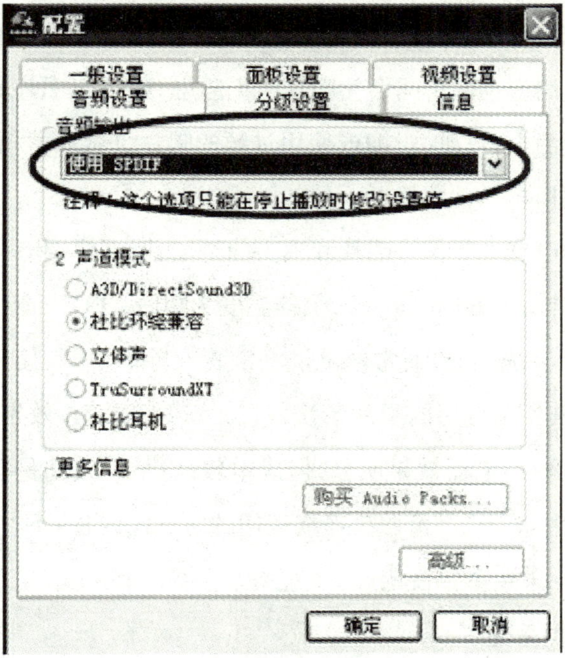

图 7　电脑设置图

方案三：电唱机＋唱头放大器＋音频卡

电唱机的输出端连接唱头放大器输入端，再由唱头放大器输出端连接到声卡的输入端，设置唱头放大器的均衡参数，开始采集。注意：有的音频卡集成了唱头放大器的功能，可不用连接唱头放大器，而直接连接音频卡。

注意：黑胶唱片放唱过程中最令人生厌的并非唱头、唱臂和唱放本体噪声，而是让人头痛的炒豆声，也就是静电声。

除了放唱过程中会产生静电，还有其他几个原因：过于干燥的空气和经常使用空调的房间会使唱片产生静电；唱片与唱片套过度的摩擦也会生成静电；过脏、过旧或使用过频的唱片更容易蓄积静电；系统接地不良同样容易蓄积静电。

消除静电首先要保持唱片和唱头的清洁；听音室要有一定的湿度与温度（最佳湿度50%—60%，最佳温度为20—23℃）；清洗较脏的唱片可选用丝毛洗涤液，通常丝毛洗涤液含有除静电剂，使用效果好于其他洗涤液；使用专用的唱片清洗液（如VPI洗碟剂）效果会更好；静电刷、静电枪、静电器效果明显，但成本较高；最有效的是购买一台离子风机（小型电子产品流水生产线使用的防静电设备）不过投资不小。

2.8.8 采集参数设定

(1)模拟采集

- 定义音频的采集源

从软件的控制台界面，选择音频的采集源。（注：不同采集卡的控制界面不尽相同，但是采集源的种类都大致相同，本文以DMX 6fire 24/96声卡为例。）

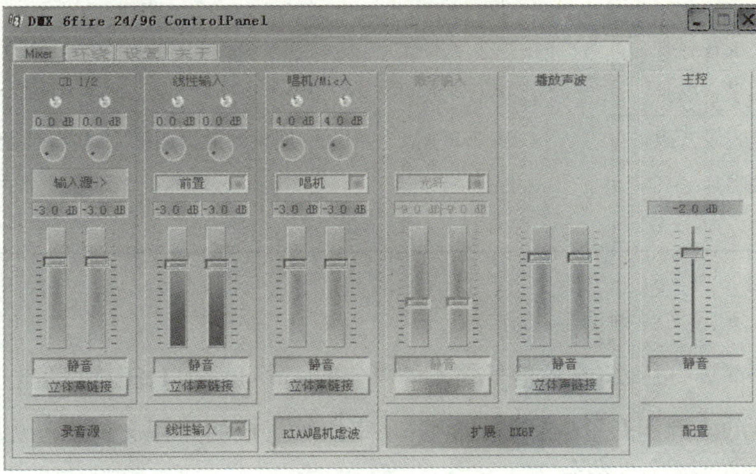

图 8　音频卡控制台界面图

• 具体参数的设置

包括采样率、量化、声道等。

采样率	22.05kHz	44.1kHz	48kHz	96kHz
量化	8bit	16bit	24bit	32bit
声道	单声道	双声道	多声道	

• 定义音频采集时的格式

音频采集时，推荐的保存方式：

<table>
<tr><th>来源</th><th>转换格式</th><th>注释</th></tr>
<tr><td>盒式录音磁带</td><td rowspan="5">BWF/WAV</td><td rowspan="5">理想的无损压缩,高质量音频。</td></tr>
<tr><td>数字录音磁带</td></tr>
<tr><td>开盘式录音磁带</td></tr>
<tr><td>密纹唱片</td></tr>
<tr><td>CD</td></tr>
</table>

• 定义音频信号来源与电平

前面,已经将音频信号接入了声卡的 Line In 端口,正确设置音频信号的来源和音量(电频),否则,采集压缩生成的音频文件将是无声的。还可通过查看屏幕上有无波形显示,判断声音信号是否已接入。

单击音频卡的控制台,进入控制界面,选择录音源,然后,在相对应的操作界面,调整电平数值,将电平推子推至 2/3 处,设置完成。

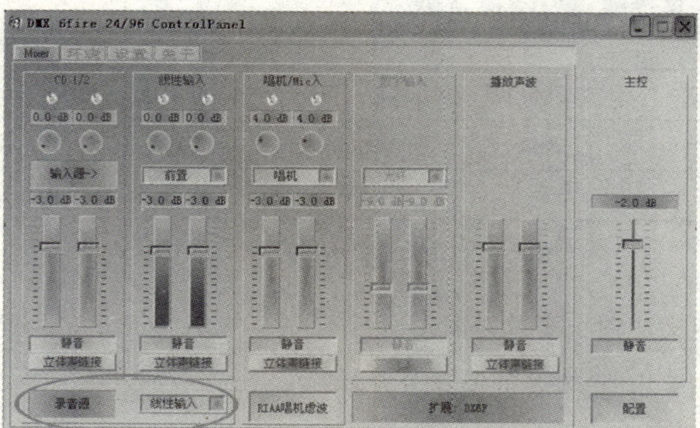

图 9　选择采集源图

• 开始采集

打开音频软件，根据加工用途，设置通道，量化，采样率等参数，然后开始采集。

注意：采集内容一定要完整，对于录音带、唱片等模拟音频资源，首先将录音带、唱片从起始位置播放，正式内容之前的空白及噪音，也要采集。目的是：①向听者表明在文件的开头和结尾没有任何信息被剪辑掉；②表明在播放设备或其他方式转换成数字记录过程中被嵌入的噪音级别。

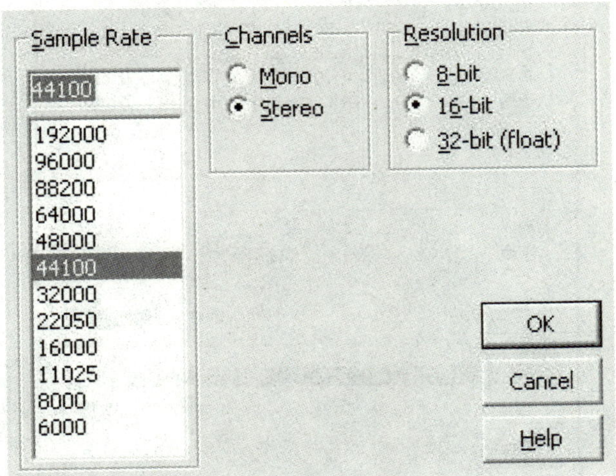

图 10　采集设置图

（2）数字转制

CD 唱片可直接通过电脑光驱，利用音频工具软件（例如 EAC，

EAC是开源软件,也可用其他音频工具软件)从CD唱片中抓取音轨数据,自动裁切成单个Track,转化成WAV格式,保存到电脑硬盘中。

原格式	目标格式	注释
CDA	BWF/WAV	44.1kHz,双声道,16/24比特

注:CDA系CD音轨(Compact Disc Audio track)的文件后缀。

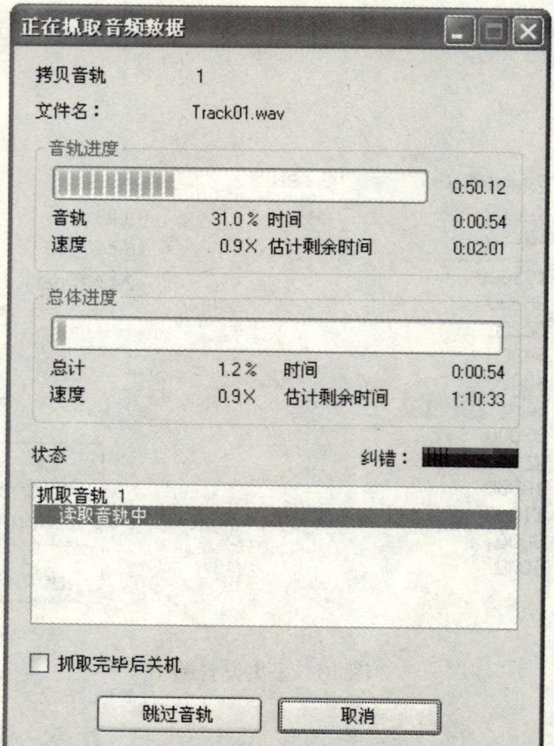

图11 CD唱片音频抓轨图

2.9　压缩转换

用专门音频编辑软件（注：本文以 Adobe Audition 1.5 为例），或者音频格式转换软件，将长期保存级的音频文件，根据使用要求，进行压缩转换，设置输出格式、量化指标，然后输出成发布服务级音频文件。

图 12　输出格式图

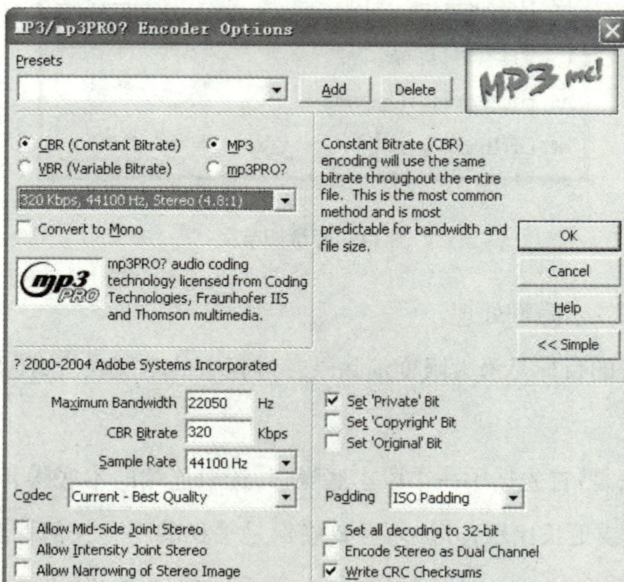

图 13　输出格式设置图

2.10　声音处理

将发布服务级音频文件,进行处理,包括音量、分段、降噪等。

2.10.1　音量调节

采用标准化处理(Normalize),设置标准值为100%,使声音电平峰值达到100%,得到最大的动态范围。(注意:切记音频振幅不可过载!)

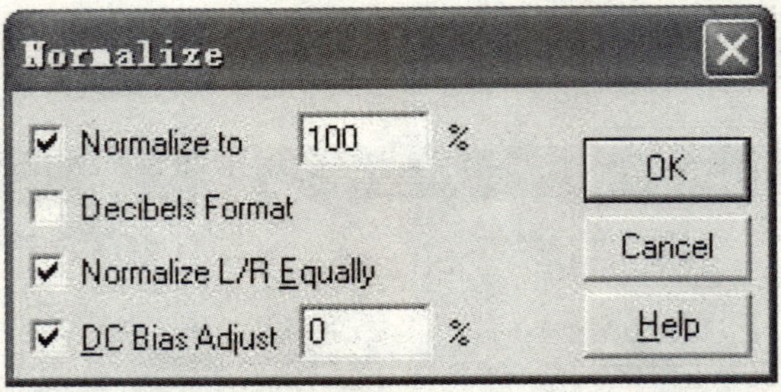

图14　音量调节图

2.10.2　降噪处理

降噪的目标是最大限度消除录音过程中的本底噪音,还原声音的清晰度。

方法是:首先选中一小段本底噪音,选取连续的本底噪音,长度在1秒左右或更长比较合适,而且要确保是平稳的不含任何标题内容的本底噪音。(注意:切记不要进行各种无关的试验,保持原有的声音

信号）

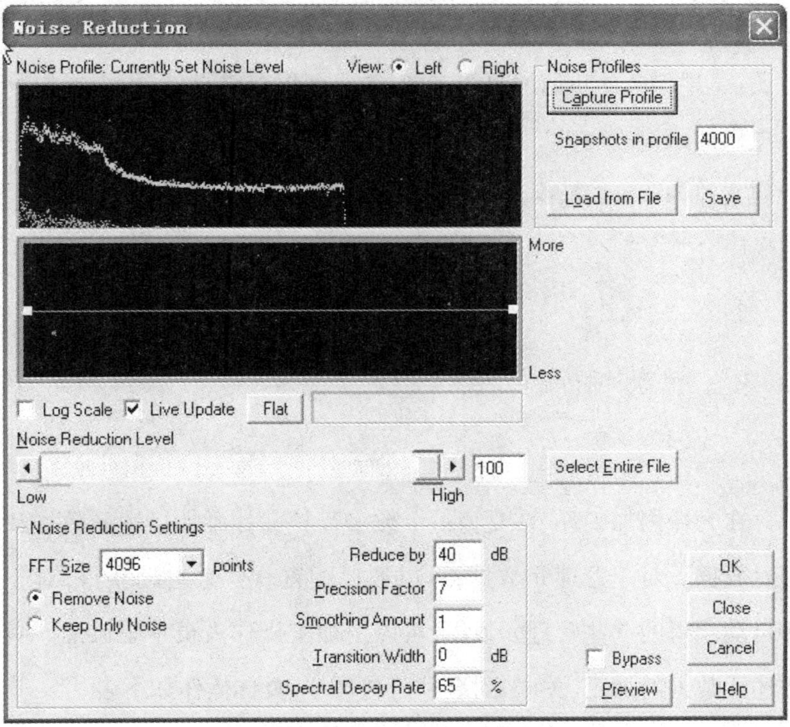

图 15　噪音处理图

2.10.3　分段切割及合并

结合具体发布需求，并参考音频文件的附属物信息，对音频文件进行切割。

切割后的文件应保持内容完整。

对于语言类声音文件的切割,原则上应咨询有相关语言学科背景的人员。

对于CD唱片自动裁切的音频文件,需要合并时,可采取以下两种方式:一是用自动裁切的单个音频(Track)保存级文件,根据附属物内容提供的顺序合并后,再转换成发布级格式;二是把自动裁切的单个音频文件(Track),转换成单个发布级文件,然后根据附属物内容提供的顺序合并。

3 元数据加工

在元数据加工环节,要为每个数字音频文件添加描述元数据和管理元数据。对于管理元数据,可以通过配置软件来自动获得,对于无法自动获得的一些管理元数据,可以由加工操作人员手工添加。对于描述元数据的加工、关联、封装和打包环节,具体操作如下表。

资源类型	发布需求	描述元数据的加工对象	描述元数据创建	建立关联
长期保存级	无	整段音频文件	对于音频资源的数字对象数据,已有元数据记录的,直接使用;没有元数据的,由元数据著录人员依据“国家图书馆元数据总则”项目和“国家图书馆专门元数据”项目给出的元数据和实际需求进行创建。	通过元数据“关联”字段描述数字对象和附属物件之间的关系。
发布服务级	有	整段音频文件	对于音频资源的数字对象数据,已有元数据记录的,直接使用;没有元数据的,由元数据著录人员依据“国家图书馆元数据总则”项目和“国家图书馆专门元数据”项目给出的元数据和实际需求进行创建。	通过元数据“关联”字段描述数字对象和附属物件之间的关系。
		分段音频文件	对于单个数字资源,已有元数据记录的,直接使用;没有元数据的,由元数据著录人员依据“国家图书馆元数据总则”项目和“国家图书馆专门元数据”项目给出的元数据和实际需求进行创建。	

4 加工环节质量检验

4.1 声音质量检验

对于加工完成的长期保存级音频文件进行声音质量检验，如果检验不合格，则重新进行加工，直到检验合格为止。可分为以下几个环节：

(1)检验环境

听音条件在国家没有制定标准前暂按以下参考值执行：

a. 评审房间不小于50平方米；

b. 评审房间要有较好的建筑声学处理。

(2)检验设备

a. 监听扬声器为近场监听系统，频响为40Hz—18kHz ±6dB，声压级为85dB SPL；

b. 调音台为广播级；

c. 功放为广播级，有效值(粉噪)功率每路不低于200 W，带宽不窄于20Hz—20kHz。

(3)检验方法

在音频文件中每隔15分钟进行重放，分别对两个声道的声音电平进行测试。测试中同时用音量单位表监测平均电平和用峰值表监测瞬间峰值电平。

(4)客观测试

在测试过程中一旦有选项不合格，即为整个文件不合格，必须重新采集。

表 3　音频文件质量检验单

<table>
<tr><td colspan="2">文件名称</td><td colspan="3"></td></tr>
<tr><td rowspan="27">采样点</td><td rowspan="3">0 分钟</td><td>失真</td><td></td><td></td></tr>
<tr><td>速度</td><td></td><td></td></tr>
<tr><td>音量</td><td></td><td></td></tr>
<tr><td rowspan="3">15 分钟</td><td>失真</td><td></td><td></td></tr>
<tr><td>速度</td><td></td><td></td></tr>
<tr><td>音量</td><td></td><td></td></tr>
<tr><td rowspan="3">30 分钟</td><td>失真</td><td></td><td></td></tr>
<tr><td>速度</td><td></td><td></td></tr>
<tr><td>音量</td><td></td><td></td></tr>
<tr><td rowspan="3">45 分钟</td><td>失真</td><td></td><td></td></tr>
<tr><td>速度</td><td></td><td></td></tr>
<tr><td>音量</td><td></td><td></td></tr>
<tr><td rowspan="3">60 分钟</td><td>失真</td><td></td><td></td></tr>
<tr><td>速度</td><td></td><td></td></tr>
<tr><td>音量</td><td></td><td></td></tr>
<tr><td rowspan="3">75 分钟</td><td>失真</td><td></td><td></td></tr>
<tr><td>速度</td><td></td><td></td></tr>
<tr><td>音量</td><td></td><td></td></tr>
<tr><td rowspan="3">90 分钟</td><td>失真</td><td></td><td></td></tr>
<tr><td>速度</td><td></td><td></td></tr>
<tr><td>音量</td><td></td><td></td></tr>
<tr><td rowspan="3">105 分钟</td><td>失真</td><td></td><td></td></tr>
<tr><td>速度</td><td></td><td></td></tr>
<tr><td>音量</td><td></td><td></td></tr>
<tr><td rowspan="3">120 分钟</td><td>失真</td><td></td><td></td></tr>
<tr><td>速度</td><td></td><td></td></tr>
<tr><td>音量</td><td></td><td></td></tr>
</table>

续表

是否完整		
是否一致		
是否重新采集		
原因		

表 4　音频文件总体质量检验单

<table>
<tr><td colspan="4">文件名称</td></tr>
<tr><td rowspan="12">采样点</td><td rowspan="4">开始</td><td>失真</td><td></td></tr>
<tr><td>速度</td><td></td></tr>
<tr><td>噪音</td><td></td></tr>
<tr><td>音量</td><td></td></tr>
<tr><td rowspan="4">中段</td><td>失真</td><td></td></tr>
<tr><td>速度</td><td></td></tr>
<tr><td>噪音</td><td></td></tr>
<tr><td>音量</td><td></td></tr>
<tr><td rowspan="4">结尾</td><td>失真</td><td></td></tr>
<tr><td>速度</td><td></td></tr>
<tr><td>噪音</td><td></td></tr>
<tr><td>音量</td><td></td></tr>
<tr><td colspan="2">是否完整</td><td colspan="2"></td></tr>
<tr><td colspan="2">是否一致</td><td colspan="2"></td></tr>
<tr><td colspan="2">是否重新采集</td><td colspan="2"></td></tr>
<tr><td colspan="2">原因</td><td colspan="2"></td></tr>
</table>

表 5　音频文件声音质量检查单

检查内容	选项	判断
总体失真	没有可觉察的失真	
	有短暂的失真,但不严重	
	有明显的持续失真	
	有严重的持续失真	
总体噪声	没有可觉察的噪声	
	声源弱时可听到持续噪声	
	有明显的持续噪声,但不令人厌烦	
	有明显的持续噪声,令人厌烦	
音质处理	声音饱满、明亮、清晰、柔和	
	声音有欠缺,但不明显	
	声音有明显欠缺,但尚不影响清晰可懂度	
	声音有严重缺陷,清晰可懂度极差	
动态运用	动态范围运用合理,声音丰满、有力度,低声源清晰可辨	
	动态范围运用基本正常,声音基本饱满	
	动态范围运用较差、声音不饱满,低声源有明显噪音	
	动态范围运用不合理、声音单薄且伴有失真或噪声	

注 1：对处理完成的音频文件,进行质量检验,包括音频文件总体质量和声音质量检验。

注 2：对于检验不合格的音频文件,要求重新进行加工,直到检验合格为止。

4.2　格式检验

所有数字音频文件,符合数字化格式参数要求(参考本书第一部分“6.1　长期保存级”中的规定);并且可以用播放器正常地打开、播放。

5　保存

5.1　保存策略

数字资源保存分为长期保存级、发布服务级，分别满足数字资源当前与长期利用的需要。

长期保存级是为履行国家图书馆职责，承担国家数字资源保存中心任务而长期保存的数字资源。长期保存的数字资源包括馆藏所有元数据（基本元数据、管理元数据、附属物元数据），长期保存级的数据以光盘或者硬盘为保存介质，应同时保存至少 3 份作为备份。

发布服务级是用于为读者提供服务，且当在线服务的数字资源出现异常丢失或损坏时，确保其能够立即恢复与提供服务的数字资源。发布服务级资源包括：国家图书馆发布与服务的数字资源、资源供应商提供镜像的数字资源，以及带有对象数据链接的元数据资源（即本馆购买和获得授权的只是商业数据库的元数据，但可以通过链接使用其对象数据）。

5.2　保存制度

根据国家图书馆数字资源保存策略，保存介质为光盘、硬盘、磁带。建立在线保存、近线保存、离线保存三级保存制度，并注意异地保存。备份数据应注意定期维护，以确保存储介质和数据的安全和长期使用。

数字资源保存按资源应用级别分别保存，保存级资源2个光盘备份、1个硬盘备份；发布级资源只做1个硬盘备份即可。

保存级资源（参见本书第一部分“6.1 长期保存级”）和发布级资源（参见本书第一部分“6.2 发布服务级”）按存储介质分别进行保存。

文件命名遵守相应规定（参见本书第一部分“8 命名规则”），并且对于不同的存储介质，命名时要加以区分。说明文档，随对象数据保存在存储介质上。使用时根据发布数据找到该数据的唯一标识符，据此查找保存文件。具体保存格式如下：

元数据格式：MARC 元数据、DC 元数据和其他格式（例如：XML）等。

音频数据格式：长期保存级 BWF/WAV 格式，浏览服务级 MP3/AAC 格式（保存的命名规则参见本书第一部分“8 命名规则”）。

数据说明文件：成品数据说明文件（TXT 格式）。

（1）文件命名

按照命名规则，对音频数据文件和所在文件夹进行命名。

（2）硬盘保存

一套在硬盘上保存。建立保存文件夹，文件夹的命名参考命名规则，文件夹内包括音频文件和说明文件。说明文件记录文件名称、文件格式、加工时间、文件元数据说明，以 TXT 格式保存。

(3)光盘保存

二套刻录成光盘保存。建立保存文件夹，文件夹的命名参考命名规则，文件夹内包括音频文件和光盘标签；光盘标签——包括文件名称，文件格式，加工时间，文件元数据说明，以 TXT 格式保存。

6 过程管理

在工作流程建立过程管理工作单。

过程管理人员（总检人员）根据工作单内容对过程监督、检查并存档。

表 6 音频资源数字加工过程管理工作单

<table>
<tr><td rowspan="2">项目名称：</td><td>应用级别（选择）：□长期保存级
□发布服务级</td></tr>
<tr><td>项目性质（选择）：□ 模拟磁带 □ 数字磁带
□ 光盘 □ 唱片 □ 其他（ ）
□整体发布 □ 分段浏览</td></tr>
<tr><td>项目概述</td><td>（项目工作内容和实施计划简介）</td></tr>
</table>

续表

<table>
<tr><td>加工资源数量</td><td></td><td>项目负责部门和负责人</td><td colspan="3"></td></tr>
<tr><td>有否资源清单</td><td></td><td>项目参加人员</td><td colspan="3"></td></tr>
<tr><td colspan="2">流程</td><td>流程状态描述</td><td>起止日期</td><td>备注</td><td>负责人签字</td></tr>
<tr><td colspan="2">1</td><td>资料整理</td><td></td><td></td><td></td></tr>
<tr><td colspan="2">2</td><td>采集</td><td></td><td></td><td></td></tr>
<tr><td colspan="2">3</td><td>压缩转换</td><td></td><td></td><td></td></tr>
<tr><td colspan="2">4</td><td>元数据加工</td><td></td><td></td><td></td></tr>
<tr><td colspan="2">5</td><td>保存</td><td></td><td></td><td></td></tr>
<tr><td colspan="2">6</td><td>质量检验</td><td></td><td></td><td></td></tr>
<tr><td colspan="2">7</td><td>过程管理</td><td></td><td></td><td></td></tr>
<tr><td colspan="6">其他需要说明的事项：

相关附件（附件另外装订存档）</td></tr>
</table>

对过程管理工作单的说明：

• 每个加工任务建立一个过程管理工作单，加工任务可以是一个分段音频文件，可以是一个完整音频文件，也可以是一批加工任务或是一个加工项目。

• 每个流程的负责人员对其流程的状态进行描述并签字，送交下一个流程;如果一个流程有多个环节的负责人员,则需要对各个不同的环节进行描述并签字。例如加工准备流程中文献被送去修复、则负责检查文献的工作人员应说明状况并签字,等修复返回后进行登记环节,依此类推。

• 质量检验环节对数据对象和元数据进行检验不合格的,需做记录;重做的加工流程可以单独填写一张工作单,也可以在当前工作单上再进行描述并签字,直到全部流程完成。

• 国家图书馆为不同项目指定总检人员负责过程监督和检查,并对过程管理工作单和相关的文件进行存档。

7 附属物件的加工指南

7.1 加工准备

7.1.1 出库登记

将要加工的资源从库房中取出(建议与音频资源一同办理出库手续),并进行加工登记。

7.1.2 资源检查与修复

登记完后对资源进行检查,看是否有损毁。如果有损毁,必须修复后才能进行加工;如果不能修复,则集中存放等待入库,以待将来技术成熟后进行修复。

现象	处理方式
字迹模糊、遮字	检查字迹是否清晰,能否自行辨识,或有无参考数据可帮助辨识。若字迹无法辨识,又找不到参考数据,则做标注,请专家辨识。遮字的情况如果可改善的,则进行修补。
折角	将其轻轻摊平,若数据过于脆弱,则不加以处理。
折痕	将其轻轻摊平,若数据过于脆弱,则不加以处理。
虫蛀、破洞	破损程度严重与否,若破损过于严重,造成纸张脆弱,则暂不处理。
断裂(撕裂或折痕处断裂)	先以并扫方式试扫描,如效果不佳,则需做修补工作并扫描。

7.2 图像采集

将封面正面上的标签、污渍等清理干净。

将封面的正面放在平板扫描仪上进行扫描。

扫描参数设定为:

图像类型	彩色
分辨率	长期保存级 600ppi;发布服务级大图 300ppi/小图 72 或 96ppi
格式	长期保存级 TIFF;发布服务级 JPEG、GIF、JPEG2000 或封装为 PDF
色彩位深	24 位或更高

7.3 数字图像后期处理

处理人员对已经采集到的图片进行如下处理：

• 裁切：将与封面纸张范围之外的内容裁切掉。

• 纠偏：图片以水平和垂直线为参考，偏离水平或垂直面的通过旋转纠偏。

7.4 元数据加工

对于附属物件描述元数据的加工、关联、封装和打包环节，具体操作参见《国家图书馆图像数据加工标准和操作指南》中“7.6 元数据加工”。

7.5 保存

对于长期保存级数字文件：

• 新建文件夹，根据《国家图书馆图像数据加工标准和操作指南》中“8 命名规则”对文件夹和图像命名，并临时保存在计算机上。

• 将临时保存在计算机上的附属物文件与相对应长期保存级的音频文件一起迁移到长期保存的存储介质上。

对于发布服务级数字文件：

• 文件夹命名，根据《国家图书馆图像数据加工标准和操作指南》“8 命名规则”，对文件夹和图像命名。

• 将文件命名存储在临时文件夹中。

• 将文件上传到发布系统。将文件和相同级别的音频资料，在发布系统中建立关联，方便检索和利用。

7.6 质量检验

• 检验人员对照文献原件对文献的所有图像文件的质量逐一进行检查并及时记录。并将记录及有问题的文件提交纠错人员进行更正，然后再校对，直至将完整的文献图像完全达到质量要求，再提交数据格式转换人员。

• 纠错人员根据校对人员提交的问题记录对指定文件的错误进行处理，并进行文件替换，将合格文件再次提交校对人员进行校对。文献图像数据制作的综合错误率不得超过1‰。

• 文献图像数据经过数字图像处理、编辑、一校和二校等检查工序来确认文件的完整和无误。

7.7 过程管理

对整个加工过程进行监督管理。

按照如下表单记录加工过程。

过程管理工作单

<table>
<tr><td colspan="2">项目名称:</td><td colspan="4">项目性质:□ 磁带封面 □ 光盘封面 □ 唱片封面 □ 其他(　)</td></tr>
<tr><td colspan="6">项目概述:(项目工作内容和实施计划简介)</td></tr>
<tr><td>加工资源数量</td><td></td><td>项目负责部门和负责人</td><td colspan="3"></td></tr>
<tr><td>有否资源清单</td><td></td><td>项目参加人员</td><td colspan="3"></td></tr>
<tr><td colspan="2">流程</td><td>流程状态描述</td><td>起止日期</td><td>备注</td><td>负责人签字</td></tr>
<tr><td>1</td><td>加工准备</td><td></td><td></td><td></td><td></td></tr>
<tr><td>2</td><td>设备和技术参数的选择与设定</td><td></td><td></td><td></td><td></td></tr>
<tr><td>3</td><td>图像采集</td><td></td><td></td><td></td><td></td></tr>
<tr><td>4</td><td>数字图像后期处理/格式转换及技术参数的选择设定</td><td></td><td></td><td></td><td></td></tr>
<tr><td>5</td><td>元数据加工/元数据著录与更改</td><td></td><td></td><td></td><td></td></tr>
</table>

续表

<table>
<tr><td>6</td><td>保存/发布</td><td></td><td></td><td></td><td></td></tr>
<tr><td>7</td><td>质量检验</td><td></td><td></td><td></td><td></td></tr>
<tr><td colspan="6">其他需要说明的事项：
对于发布服务级附属物件可从第 4 个流程开始管理。

相关附件（附件另外装订存档）</td></tr>
</table>

对过程管理工作单的说明：

• 每个加工任务建立一个过程管理工作单，加工任务可以是一个具体的图像，也可以是一批加工任务或是一个加工项目。

• 每个流程的负责人员对其流程的状态进行描述并签字，送交下一个流程；如果一个流程有多个环节的负责人员，则需要对各个不同的环节进行描述并签字。例如加工准备流程中文献被送去修复、则负责检查文献的工作人员应说明状况并签字，等修复返回后进行登记环节，依此类推。

• 质量检验环节对数据对象和元数据进行检验不合格的，需做记录；重做的加工流程可以单独填写一张工作单，也可以在当前工作单上再进行描述并签字，直到全部流程完成；国家图书馆为不同项目指定总检人员负责过程监督和检查，并对过程管理工作单和相关的文件进行存档。

• 建立图像数字加工的安全管理机制，确保在加工过程中不丢失、不损坏。

8 质量检验操作指南

音频加工部门（或承包方）按项目合同的约定定期分批向国家图书馆相关业务部门提交已经加工的成品，并向验收部门申请“合格产品质检报告单”。加工部门在提交成品之前，应进行100%的检查。

验收部门根据加工部门分批提交的“合格产品质检报告单”，及时按项目合同规定的“加工技术标准”和“质量检验标准”对成品数据进行抽检。验收人员对已加工的每一批次的产品随机抽样，样本覆盖率不低于10%。

8.1 元数据

检验方法：包括音频基本元数据、管理元数据、附属物元数据，执行同一个标准。

检验标准：按照元数据质量要求抽检，抽样不合格率不得高于0.3‰；

信息表文字处理的错误率不得超过0.3‰；

目次数据的结构遵守中文著录规则和 CNMARC 格式，100%准确；（附属物元数据涉及）

信息表中的记录标识号与 MARC 中的 001 字段相一致；（附属物元数据涉及）

信息表中的文件名与图像文件名位置准确、名称准确；（附属物元数据涉及）

目次数据和音频数据的链接准确一致。

8.2 音频数据

检验方法：已采集的数字信号质量进行检查，保证音频正确反映原始资源。对于出现问题的音频，确定其为采集过程中造成的，应进行重新采集。

检验标准：按照音频数据质量要求抽检，抽样不合格率不得高于1‰；

音频文件夹和文件名命名正确；

声音连贯，不失真，未出现原始声音之外的噪音。

8.3 附属物扫描

扫附属物件中的文字和图像内容清晰，剪切合适；图像不歪斜、污损、模糊；参见《国家图书馆图像数据加工标准和操作指南》。

8.4 存储介质

检验方法:对存储介质进行 100% 读取验收。

检验标准:按照存储格式要求抽检,抽检不合格率不高于 0.1‰;

提交的光盘编号清单与光盘相对应,准确无误;

存储介质无坏死文件、无黑屏;

文件不携带病毒。

9 多复本、多版本、多应用系统的资源加工

9.1 多复本

目前音像资料库中存在一些原生资源的副本,就是按照原存储格式制作的类似于保存本音像资料。在索取号后面标注 D,如原资源索取号为 AL001234,其复本就是 AL001234D。加工时选取原声资源,进行加工。

9.2 多版本

针对不同时期的资源,在购买或者缴送的时候,可能内容相同,但是存储方式发生变化,比如同一戏曲,在不同时期,可能存在磁带、CD、mp3 的版本,但是内容是一样的。理论上,三种版本同时存在,加

工时只采用声音质量高的版本。例如:磁带、CD、mp3 三个版本,加工时只加工 CD 版本,其他两个版本不加工。

9.3 多应用系统

主要是指适用于不同系统的资源,比如播放软件、操作系统等方面。经推荐使用的播放格式,测试后,要求播放软件和操作系统,都可以兼容,并且正常播放。

参考文献

[1]孙一钢等. 我国数字图书馆标准规范建设:《数字资源加工标准》研究报告,2006年6月

[2]孙一钢等. 我国数字图书馆标准规范建设:《数字资源加工操作指南》研究报告,2006年6月

[3]张成昱等. 我国数字图书馆标准规范建设:通用数字资源(音频数据)格式标准分析报告,2003年8月

[4]何琦静,黄建华. 多媒体技术基础. 北京:化学工业出版社,2005

[5]张正兰等. 多媒体技术及其应用. 北京:北京大学出版社,2006

[6]杨盈昀等. 多媒体与电脑动画. 北京:中国广播电视出版社,2003

[7]聂华等. 图书馆专门资源对象的数字化加工标准推荐

[8]谢清俊等. 数字典藏技术汇编. [2007-10-01]. http://www.ndap.org.tw/TechReport/

[9]乐迪. "老新闻的数码化收藏". 新闻记者,2003(5)

[10]程一中等. "漫谈数字时代的电视节目录音演播室". 现代电视技术,2003(2)

[11]王雨桑. "濒危音响档案数字化"试验项目成果报告. 艺术科技,2005(3)

[12]刘毓敏等. 数字视音频技术开发与应用. 北京:国防工业出版社,2003

[13]陈金坤."数字音频工作站".音响技术,2006(1)

[14]Library of Congress. Digital Audio-Visual Preservation Prototyping Projects: Appendix 5: Special Consideration for Digital Video and Audio. [2008-08-15]. http://www.loc.gov/rr/mopic/avprot/rfq5.html

[15]Collaborative Digitization Program. [2008-08-06]. http://www.cdpheritage.org/index.cfm

[16]Typical Elements for Use in a Statement of Work for the Digital Conversion of Sound Recordings and Related Documents. [2008-08-22]. http://www.loc.gov/rr/mopic/avprot/audioSOW.html

[17]The Digital Michelangelo Project. [2008-09-10]. http://graphics.stanford.edu/projects/mich/

[18]Guidance for Digitizing Audio (Library Preservation at Harvard). [2008-08-06]. http://preserve.harvard.edu/guidelines/audiodig.html

[19]Audio Preservation bibliography (PARS Recording and Photographic Media Committee of the American Library Association). [2008-08-06]. http://www.loc.gov/rr/record/nrpb/nrpb-presbib.html

[20]Capturing Analog Sound for Digital Preservation (Council on Library and Information Resources). [2008-08-06]. http://www.clir.org/pubs/abstract/pub137abst.html

[21]Audio Tape Digitization Workflow: Digitization workflow for analogue open reel tapes (Training for Audiovisual Preservation in Europe-TAPE). [2008-05-06]. http://www.jazzpoparkisto.net/audio/

[22]TAPE-Training for Audiovisual Preservation in Europe. [2008-09-06]. http://www.tape-online.net/

[23] Sound Directions: Digital Preservation and Access for Global Audio Heritage (Indiana University/ Harvard University). [2008-08-29]. http://www.dlib.indiana.edu/projects/sounddirections/

[24] Sound Directions: Best Practices for Audio Preservation (Indiana University / Harvard University, 2007). [2008-08-17]. http://www.educause.edu/Resources/SoundDirectionsBestPracticesfo/162417

[25] Audio Procedures and Workflow for the UWDCC (University of Wisconsin Digital Collections Center, 2004). [2008-08-17]. http://uwdcc.library.wisc.edu/documents/AudioWorkflow.pdf

[26] Audio Services Loeb Music Library Audio Preservation Studio (Harvard College Library). [2008-08-19]. http://hcl.harvard.edu/libraries/loebmusic/aps/

[27] Instructional Media Services Media Production Center (Faculty of Arts and Sciences). [2008-08-26]. http://ims.fas.harvard.edu/

[28] Presto Space Preservation Guide. [2008-09-10]. http://www.dccd.dk/earkiv.nsf/doc/linksbyurl

[29] Unesco-Audiovisual archives: A practical reader. [2008-09-26]. http://www.nla.gov.au/padi/metafiles/resources/569.html

[30] PADI-Preserving Access to Digital Information: Digitisation. [2008-09-01]. http://www.nla.gov.au/padi/

[31] Quality Control Metrics and Methods for Inspecting Digital Images: A Short Annotated Bibliography (Library Preservation at Harvard). [2008-08-21]. http://preserve.harvard.edu/bibliographies/imageQC.pdf

[32] Quality Assurance and Control Measures: Considerations for AudioVisual

Reformatting (National Archives Preservation Conference 2007). [2008 - 09 - 06]. http://www.archives.gov/preservation/conferences/2007/lacinak - 3.pdf

后　　记

国家图书馆“音频数据加工标准与工作规范”是针对国家图书馆的实际情况，在保持与国家图书馆其他相关标准规范，如《数字资源（文本、图像、视频）加工标准与工作规范》《数字资源对象管理规范》及唯一标识符规范、元数据规范、数字资源长期保存方案等，保持一致性的基础上，根据国家图书馆对象数据竞争性谈判项目第四包《音频数据加工标准与工作规范》研制业务需求书和成交合同而完成的。

北京大学图书馆于 2008 年 7 月与国家图书馆签订了研制合同。为顺利完成研制任务，实现满足国家图书馆需求的音频数据加工标准体系、管理规范及其他相关规则的研制目标，北京大学图书馆和国家图书馆均成立了专门的项目组，制订项目实施计划，推进项目研制工作。北京大学图书馆项目组以馆长朱强、副馆长肖珑为主管领导，组成如下。

项目组组长：张春红。

项目组组员：朱本军、邵珂、唐勇、宋庆生。

国家图书馆项目组组成如下。

项目组组长：龙伟。

项目组组员:韩超、赵四友、李鹏云、王浩、李成文。

项目于2008年10月完成初稿,之后经过多次讨论和修改以及大量的数字加工测试,于2009年12月提交正式文档并通过国家图书馆子项目组验收。2010年3月5日国家图书馆组织馆内专家对项目进行验收通过,4月21日开始网站公开质询,5月24日通过国内业界专家验收,6月30日项目正式结项。

项目研制过程中,重点参考了美国国会图书馆领导的国家数字信息基础设施和保存计划(National Digital Information Infrastructure and Preservation Program ,NDIIPP)、英国AHRC(Arts and Humanities Research Council)、欧洲TAPE(Training for Audiovisual Preservation in Europe)项目、美国马里兰大学图书馆和哈佛学院图书馆、台湾地区的"数位典藏科技计划"项目及其《技术资料汇编》,以及国家科技部"中国数字图书馆标准与规范建设"项目之"数字资源加工标准规范与操作指南"子项目的相关成果。其中,在国家科技部"中国数字图书馆标准与规范建设"项目成果中,本项目等同或等效采用了其"数字资源加工规范"、"基本元数据规范"和"数字资源描述标准规范的完善与扩展建设"三个子项目组的《数字资源加工标准规范与操作指南》《基本元数据标准》和《非文献类馆藏的数字化加工规范与应用指南(推荐稿)》等规范。这些规范的研制者来自国家图书馆、北京大学图书馆、清华大学图书馆等多个相关单位,本项目内容相关的主要研制人员有张成昱、曾婷、周虹、杨京峰、孙一钢、龙伟、赵四友、邵珂、周晨、杨洪波等。在这里,我们特别向科技部各相关子项目组的参加人员致以深深的敬意和谢意。

感谢北京大学图书馆的领导在时间和技术方面给予项目的关照和支持,感谢北京大学图书馆相关部门同仁,尤其是北京大学数字加工中心的全面配合。感谢国家图书馆孙一钢、汪东波、申晓娟、王志庚、索传军等专家的指导和帮助。我们向国家图书馆数字资源部、北京大学数字加工中心、北京大学图书馆多媒体部、系统部的工作人员,以及参与项目验收的国家图书馆馆内专家和国内业界专家致以最诚挚的谢意。

编者

2010 年 12 月 31 日

国家图书馆出版社已出相关书目

书名	编著者	出版时间	定价
国家数字图书馆工程标准规范成果			
国家图书馆视频数据加工标准和操作指南	朱强,张春红,龙伟主编	2011－12	35.00
国家图书馆音频数据加工标准和操作指南	朱强,张春红,龙伟主编	2011－12	35.00
国家图书馆图像数据加工标准和操作指南	朱强,张春红,龙伟主编	2011－12	58.00
国家图书馆元数据应用总则规范汇编	肖珑,申晓娟主编	2011－06	58.00
古籍用字(包括生僻字、避讳字)属性字典规范和应用指南	张力伟,翟喜奎主编	2010－10	35.00
汉字属性字典规范和应用指南	张力伟,翟喜奎主编	2010－10	35.00
国家图书馆数字资源唯一标识符规范和应用指南	孙坦,宋文,贺燕主编	2010－10	35.00
国家图书馆管理元数据规范和应用指南	郑巧英,王绍平,汪东波主编	2010－10	58.00
中文文献全文版式还原与全文输入 XML 规范和应用指南	蒋贤春,翟喜奎主编	2010－10	58.00
图书馆数字资源统计标准和应用指南	吕淑萍,罗云川主编	2010－08	58.00
国家图书馆重大科研项目研究成果			
社会公共服务体系中图书馆的发展趋势、定位与服务研究	柯平等著	2011－05	70.00
国家图书馆数字战略研究	《国家图书馆数字战略研究》课题组著	2011－03	60.00
基层图书馆实务丛书			
基层图书馆公益讲座	王惠君主编	2011－04	35.00
基层图书馆信息资源建设与服务	屈义华主编	2011－04	35.00
基层图书馆自动化网络化建设	甘琳编著	2010－11	35.00
基层图书馆的农村服务工作	王效良著	2010－11	35.00
图书馆战略规划流程研究	赵益民著	2011－05	49.00
资源组织	王松林主编	2011－04	70.00
公共图书馆的未成年人服务研究	潘兵,张丽,李燕博著	2011－04	35.00
图书资料专业技术资格考试辅导指南	曹宁主编	2011－03	35.00
中国图书馆年鉴 2010	中国图书馆学会,国家图书馆编	2011－01	320.00